集団的自衛権とは何か

豊下楢彦
Narahiko Toyoshita

岩波新書
1081

はじめに

かつてドイツの政治学者カール・シュミットは、国家論の古典的な著作『政治的なものの概念』(一九三二年)において、次のように指摘した。

「みずからの敵がだれなのか、だれに対して自分は戦ってよいのかについて、もしも他者の指示を受けるというのであれば、それはもはや、政治的に自由な国民ではなく、他の政治体制に編入され従属させられているのである」(田中浩・原田武雄訳、未来社)

この著作は、一九二九年の世界大恐慌からヒトラーによるドイツの政権奪取(三三年)をひかえた、極限的な国際情勢の展開を背景にまとめられたものである。しかし、国家主権の本質を、誰が敵で誰が友であるかを識別する「友・敵」関係の設定に求めた洞察は、「普遍的」な意味合いをもつものと言えるであろう。こうしたシュミットの指摘をあえて引用した理由は、今日の最大の政治課題とされる集団的自衛権が、「共通敵」の設定を前提とするからである。

そもそも国連憲章は、「すべての加盟国は、その国際関係において、武力による威嚇または武力の行使を、……慎まなければならない」(二条四項)と規定して武力行使禁止原則を謳っているが、次の三つの場合にのみ武力行使が認められている。その一つが、「平和に対する脅威、平和の破壊及び侵略行為」の発生に対し、安全保障理事会(安保理)の決定に基づいてとられる「軍事的措置」の場合である(四二条)。この措置は、国連の名において実施される点で「公権力の行使」にたとえられ、集団安全保障と呼ばれる。

あとの二つは、憲章五一条に規定されているもので、加盟国に対する「武力攻撃が発生」し、安保理が必要な措置をとるまでの間に認められる、個別的自衛権の行使と集団的自衛権の行使の場合である。個別的自衛権は、自らの国が攻撃された場合に自衛する権利であるが、集団的自衛権については、様々な定義づけがなされてきた。しかし、日本においてもほぼ通説とされているのが、「自国と密接な関係にある外国に対する武力攻撃を、自国が直接攻撃をされていないにもかかわらず、実力をもって阻止すること」という定義である。

これは、何よりも軍事同盟の場合に当てはまるものであって、事前に想定された「敵」が同盟国を攻撃した場合に、自らが直接攻撃を受けていなくても、武力を行使して「共同対処」しようとするものである。この点で、「仮想敵」を想定せず安保理の管轄下で実施される集団安全保障(collective security)と、共通の「仮想敵」を設定し、安保理が機能するまでの間においてのみ認められる集団的自衛権(collective defense)とは、根本的に異なった概念なのである。

このように、集団的自衛権は国連憲章に規定された権利であり、国連加盟国である日本もその権利を保有している。しかし、本文で詳しく検討するように、国際紛争を解決する手段としての武力行使の放棄と、国の交戦権の否認を規定した憲法九条によってその行使は認められないというのが、自衛隊の発足以来、より定式化されたものとしては一九七〇年代以来、政府の一貫した解釈となってきた。これに対し、自民党は批判を強めて憲法改正を主張してきたが、安倍晋三政権は改憲を具体的な日程にのせる一方で、従来の政府解釈の変更を視野に「有識者懇談会」を発足させ、かくして集団的自衛権の問題が重大な焦点に浮上してきたのである。

ところで、日本が集団的自衛権を行使するという場合、「自国と密接な関係にある外国」とは、言うまでもなく、安保条約を取り結んでいる米国である。つまり、日本と米国が「共通敵」を設定して「共同対処」する、ということになる訳である。ところが、北東アジアに限ってみても、米国が設定する「敵」は、これまでしばしば変化してきた。

例えば一九六〇年代に入ると、それまでの旧ソ連に代わって中国が「主要敵」とされ、「中国封じ込め政策」が米国のアジア政策の根幹にすえられた。日本国内では批判も強かったが、自民党政権はひたすら忠実に米国の「中国封じ込め」に「貢献」した。ところが、ある朝眼が覚めてみると、日米の「共通敵」であったはずの中国と米国が、突如として和解したことを知らされることとなった。これが、一九七一年七月の「ニクソン・ショック」である。

実は今日、これに良く似た事態が再現される恐れがでてきた。安倍首相は、集団的自衛権に取り組まねばならない理由として、「日本をとりまく安全保障環境の大きな変化」を挙げた。ここで首相の念頭にあるのは、中国の軍事大国化であると共に、何よりも、北朝鮮によるミサイル発射と核実験に示される新たな脅威の増大であろう。ところが、イラク戦争の泥沼化と二〇〇六年秋の中間選挙での敗北を契機に、ブッシュ政権はそれまでの対北朝鮮政策を大きく転換させ、米朝二国間交渉を積極的に推し進めることとなった。今後もこの路線が追求されていく場合には、安倍首相の言う「安全保障環境の大きな変化」が、皮肉なことに、米国と北朝鮮による日本の〝頭越し〟の国交樹立を意味する、という事態さえ予想されるのである。

とはいえ、米朝関係が再び緊張関係に入る可能性もある。米国の国防関係者はかねてより、あくまでも北朝鮮を当面の「敵」に設定しつつ、米国に向かう弾道ミサイルを日本が迎撃できる「法的・軍事的体制の整備」を強く要求してきた。この「法的体制の整備」と言われるものが、他ならぬ集団的自衛権の問題なのである。だからこそ安倍首相は、「懇談会」に検討を求めた四類型の一つに、「米国に向かう可能性のある弾道ミサイルを、日本のミサイル防衛システムで迎撃」する場合を挙げたのである。しかしこの類型は、二〇〇三年一二月に小泉政権がミサイル防衛システムの導入を決定した際の、「専守防衛」に徹し「第三国の防衛のために用いられることはない」という大前提を覆すものである。

「軍事的体制の整備」については、実は現在配備されているイージス艦搭載のSM-3では、高高度を飛翔する長距離ミサイルを迎撃することは技術的に不可能なのである。そこで米国の要求に応ずるためには、「専守防衛」に加え、実質的に「米国防衛」に供するミサイル防衛システムを整備するため、新たに膨大な税金を投じなければならないのである。

そもそも集団的自衛権の問題は、武力行使の領域にかかわる、すぐれて軍事レベルの問題である。だからこそ、日本の〝頭越し〟に、北朝鮮が米国にミサイル攻撃をかけるという軍事的「最悪シナリオ」も想定されるのである。しかしそこでは、何のために北朝鮮が米国を攻撃するのか、という政治レベルの根本的な問題は一切問われることはない。従って当然のことながら、日本の〝頭越し〟に、北朝鮮と米国が和解するという政治的「最悪シナリオ」が進行する場合には、ただ狼狽する以外にはないのである。このように、憲法九条をめぐっては、政治外交戦略ではなく、集団的自衛権の問題だけが〝突出〟して議論されている。その結果、「米国に向かうミサイルを日本が撃ち落とさないのはクレージーだ」(ローレス米国防副次官)という米国の〝恫喝《どうかつ》〟をうけて憲法を改正することが、「自主憲法」の制定であり、米国によって「押しつけられた」憲法からの脱却であるという、アクロバットのように捻《ね》じれた論理に至るのである。

こうした〝捻じれ〟が生ずるのは、当事者達の発想の根本が、一九六〇年の岸信介政権による安保改定以来、日本外交を規定してきた日米二国間関係の枠組みに呪縛されているからである。この枠組みのなかで、岸政権が達成できなかった日本の軍事的貢献度を高めることによって、米国に対して「対等性」を確保しようというのが、集団的自衛権の解釈変更なのである。しかし、米国による「友・敵」関係の設定は固定的なものではなく、いつでも日本が〝はしごを外される〟という事態が予想されるのである。

改めて、先にあげた類型を考えてみると、北朝鮮は二〇〇六年七月に行なったテポドンの発射実験で「失敗」しており、米国に到達する弾道ミサイルを開発した明確な根拠は見出されていない。つまり、この類型は、「攻撃する北朝鮮」も「迎撃する日本」も、そのレベルにおよそ達していない事態が想定されているのである。軍事的「最悪シナリオ」が、リアリティを欠いたまま、限りなくエスカレートした象徴的事例である。このように、今日の集団的自衛権をめぐる議論は、きわめて情緒的でセンセーショナルな空気が支配しているのである。

本書では、こうした風潮のなかにあって、集団的自衛権とは何かという根本的な問題を、資料に基づいて冷静に解き明かしていきたい。まずは、国連憲章五一条が成立した経緯を検討することから始めて、戦後の日米関係における集団的自衛権の位置づけを歴史的に検証し、日本の安全保障にとって、それがいかなる意味をもっているのかを明らかにしていく。さらに、今日の世界が直面している脅威の性格を分析し、集団的自衛権の行使による日米安保体制の強化という路線に代わる、日本外交のオルタナティヴを提起していきたい。

目　次

目　次

序章　憲法改正と集団的自衛権

1　政府解釈の論理

自民党の九条改正案

二〇〇五年一〇月二八日、自民党は結党五〇周年を迎えるにあたって、宿願の新憲法草案をまとめあげた。そこでは、問題の第二章第九条について、同章のタイトルである「戦争の放棄」が「安全保障」に変更され、一項はそのまま残されたものの二項は削除され、新たに次のような「九条の二」が設けられた。

「我が国の平和と独立並びに国及び国民の安全を確保するため、内閣総理大臣を最高指揮権者とする自衛軍を保持する」「自衛軍は、……法律の定めるところにより、国際社会の平和と安全を確保するために国際的に協調して行われる活動及び緊急事態における公の秩序維持、国民の生命若しくは自由を守るための活動を行うことができる」(以下、傍点は筆者)

この九条改正案では集団的自衛権については明記されていないが、起草委員会小委員長の福田康夫官房長官(当時)は、「集団的自衛権は、自衛権の発動に当然入る。ただ地球の裏側まで行けるかどうか。正直言って、自民党としての議論がなされていないんですよ。(安全保障基本法で)ここを詰めていかなければ、国民に納得してもらえないと思う」と述べた(『読売新聞』二〇〇五年一一月二七日)。つまり、自衛軍の保持が確認される以上は、発動される自衛権には個別的自衛権とともに集団的自衛権も当然ながら含まれるが、「地球の裏側」まで自衛軍が派兵されるか否かは安全保障基本法といった法律で規定されることになる、という訳である。

安倍晋三の狙い

この点について、当時の自民党幹事長安倍晋三は月刊誌のインタビューにおいて、「改憲してその制約(武力行使の禁止)を取り去ると、その先にある日本の行動としては、米軍とともに武力行使をする、テロリストを排除するという姿が浮かんできます」と問われて、「それが可能になるということです」と率直に答えているのである(『論座』二〇〇四年二月号)。この発言に従えば、福田とは違って安倍の場合は、改憲が実現されれば、「地球の裏側」であるイラクのサマワに〝籠城〟していた自衛隊も、英国軍のように米軍と肩を組んで武力行使を行ない、テロリストの掃討作戦にも〝参戦〟することが「可能」となるのであろう。

いずれにせよ、「国際的に協調して行われる活動」の内実が、サマワのような〝籠城〟か、戦闘作戦への〝参戦〟か、根本的に異なった活動のいずれになるのかを明示しないままに九条改正の選択を迫るということであれば、それこそ「国民に納得してもらえない」ことになるのではなかろうか。ちなみに、宮沢喜一元首相は、この重要問題を安全保障基本法の議論のなかで検討するという手法を、「それは一種のごまかしだ」と厳しく批判している（『日本経済新聞』二〇〇六年四月三〇日）。

新憲法草案の策定から一年を経ることなく、安倍は小泉純一郎の後を襲い戦後世代として初めて政権の座を担うこととなった。同時に、実現すべき最重要の政策課題として憲法改正を明確に掲げるばかりではなく、集団的自衛権の行使にむけて「有識者懇談会」を設けるなど具体的な取り組みに乗り出した戦後初めての首相となった。この意味で、集団的自衛権の問題を検討していくにあたって、安倍政権の帰趨は別として、彼の言説に焦点を当てていくことは、問題のありかを明らかにするうえからも妥当と言えるであろうし、また彼の議論には、集団的自衛権の行使が主張される場合の主要な論点が、ほぼ集約的に表現されているのである。

安倍は、自民党の総裁選挙を控えた二〇〇六年七月に、自らの「国家像」をまとめた『美しい国へ』（文春新書）を著し「戦後体制からの脱却」を唱えたが、それを象徴するものが憲法九条の改正であり、集団的自衛権の行使なのである。なぜなら、集団的自衛権を行使できない日本は「禁治産者」にも比されるべき国家であり、集団的自衛権を行使できるようになって初めて、日本は日米安保条約において「双務性」を実現し、米国と「対等」の関係に立つことができるからなのである。

以上のような戦略的展望をもつ安倍にとって最大の障害は、集団的自衛権に関する従来の政府解釈である。それでは、その政府解釈とはどのようなものであろうか。

政府解釈とは

一九七二年一〇月一四日、政府(田中角栄内閣)は参議院決算委員会に対し、社会党の水口宏之議員によるかねてからの質問に応える形で、集団的自衛権に関する政府見解として、以下のような「資料」を提出した。

この「資料」は、次のような論理の展開で構成されている。まず集団的自衛権について、「自国と密接な関係にある外国に対する武力攻撃を、自国が直接攻撃されていないにもかかわらず、実力をもって阻止すること」と定義づける。次いで、国際連合憲章第五一条などをあげて、「わが国が、国際法上右の集団的自衛権を有していることは、主権国家である以上、当然といわなければならない」と、国際法のうえで日本も集団的自衛権の権利を有しているとの立場を明らかにする。

しかし問題は憲法との関係である。第九条について「資料」は、「いわゆる戦争を放棄し、いわゆる戦力の保持を禁止しているが、(中略)自国の平和と安全を維持しその存立を全うするために必要な自衛の措置をとることを禁じているとはとうてい解されない」と、個別的自衛権の行使を認めている。ただその場合も、「だからといって、平和主義をその基本原則とする憲法が、右にいう自衛のための措置を無制限に認めているとは解されないのであって、それは、あくまで国の武力攻撃によって国民の生命、自由及び幸福追求の権利が根底からくつがえされるという急迫、不正の事態に対処し、国民のこれらの権利を守るための止むを得ない措置として、はじめて容認されるものである」と、個別的自衛権であっても、その行使に厳格な〝制約〟がはめられていることを強調するのである。

以上の論理の展開を踏まえたうえで「資料」は、集団的自衛権について次のような結論を導きだすのである。つまり、個別的自衛権であっても右のような〝制約〟が課せられるのである以上、「そうだとすれば、わが憲法の下で、武力行使を行うことが許されるのは、わが国に対する急迫、不正の侵害に対処する場合に限られるのであって、したがって、他国に加えられた武力攻撃を阻止することをその内容とするいわゆる集団的自衛権の行使は、憲法上許されないといわざるを得ない」と。

これが集団的自衛権について、いわゆる「国際法上保有、憲法上行使不可」という、今日にまで至る政府解釈の「原点」なのである。当時、水口が集団的自衛権に関する政府解釈を執拗に追及した背景には、一九六九年一一月の佐藤・ニクソン共同声明において「韓国・台湾条項」が導入されたことが挙げられる。一九六四年以来、米国は当時の南ベトナム政府の「要請」により集団的自衛権を行使するとの口実でベトナム戦争に突入していったが、事態が泥沼化するなかで、韓国やオーストラリアなどに派兵を求めていたのである。

右の共同声明は、韓国・台湾有事に際して米国が自衛隊に軍事的協力を求めてくるのではないか、という危惧を高めるものであった。ベトナム戦争の泥沼化に加えて、集団的自衛権がきわめてダーティなイメージを国民世論に与えている状況において、政府としても第九条を前面に掲げて集団的自衛権の行使を明確に否定する必要があったのである。ちなみに、韓国は集団的自衛権を行使して南ベトナムに三二万人をこえる兵力を派遣し、五千人以上の戦死者を出した。

「答弁書」

その後、一九七〇年代末から米ソ間で「新冷戦」が始まり、米国が防衛協力の強化を求めてくる情勢を背景に、社会党の稲葉誠一議員が改めて集団的自衛権に関する「政府見解」をただしたのに対し、一九八一年五月二九日、政府(鈴木善幸内閣)は次のような「答弁書」を提出した。つまり、集団的自衛権について七二年「資料」と同様の定義を行なったうえで、「わが国が、国際法上、このような集団的自衛権を有していることは、主権国家である以上、当然であるが、憲法九条の下において許容されている自衛権の行使は、わが国を防衛するため必要最小限度にとどまるべきものと解しており、集団的自衛権を行使することは、その範囲を超えるものであって、憲法上許されないと考えている」との論理を展開したのである。

この「答弁書」の叙述は、七二年「資料」と似ているように見えて、その論理構成において問題を抱えていた。七二年「資料」の論理を踏まえるならば、本来であれば、憲法九条の下においては自国が武力攻撃を受けた場合であっても自衛権の行使に〝制約〟が課せられている以上、他国に対する武力攻撃の場合に自衛権の行使が認められるはずがない、という論理を組み立てるべきであったのである。

「ひっくり返した解釈」

はたせるかな、五年後の一九八六年三月五日、衆議院予算委員会において、公明党の二見伸明議員は右の「答弁書」の叙述を引用した上で、次のように問いただした。「ところが、これを裏側から考えるとこういう解釈も成り立つのかな。今後、必要最小限度の範囲内であれば集団的自衛権の行使も可能だというような、そうしたひっくり返した解釈は将来できるのかどうかですね。必要最小限度であろうとなかろうと集団的自衛権の行使は全くできないんだという明確なものなのか、必要最小限度の範囲内であれば集団的自衛権の行使も可能だという解釈も成り立ってしまうのかどうか、この点はどうでしょうか」と。

ここで言う「ひっくり返した解釈」とは、二見も指摘するように、一定の「範囲を超える」から集団的自衛権の行使は許されないというのであれば、逆に解釈すれば、行使が許される「範囲」というものがあり得るということになるのではないか、という問題提起なのである。

これに対し、五年も前に出された「答弁書」にかかわる二見質問の意味を当初は十分に理解できなかった茂串俊内閣法制局長官は、結論として次のように回答した。

「おわかりにくいところがあって大変恐縮でございましたが、もう一遍それでは先ほど申し上げた点を重複はいたしますが申し述べます」と答弁の不首尾を詫びたうえで、個別的自衛権に関する従来の政府解釈を再確認しつつ、「この措置〔個別的自衛権の行使〕は、このような事態を排除するためにとられるべき必要最小限度の範囲にとどまるべきである、そういう筋道を申し述べたわけでございます。したがって、その論理的な帰結といたしまして、他国に加えられた武力攻撃を実力をもって阻止するということを内容とする集団的自衛権の行使は、憲法上許されないということを従来から明確に述べているわけでございます」。

つまり政府として、集団的自衛権に関する政府解釈は七二年「資料」の論理そのものである、との見解を明確にしたのである。かくして今日に至るまで、七二年「資料」が展開した「国際法上保有、憲法上行使不可」という論理が、紆余曲折を経ながらも堅持されてきたのである。

「少しの隙間」

ところが安倍は、「私は、〔集団的自衛権を〕現行憲法でも行使できると思っています」と主張するのであるが、その根拠は次のところに求められる。「内閣法制局は集団的自衛権も「必要最小限を超える」と言っているわけです。それは量的な制限なわけで、絶対的な「不可」ではない。少しの隙間があるという議論もある。であるならば、「必要最小限の行使があるのか」ということについては、議論の余地を残しているといえる」

(『論座』二〇〇四年二月号)。

言うまでもなくここでは、二見質問が提起した問題が前提に置かれていることは明らかであろう。つまり安倍は、二見の質問内容は把握しているが、政府側が結論として七二年「資料」の論理を再確認したことについては、そもそも議事録を読んでいないか、あるいは意図的に避けているのか不明であるが、フォローしてないようである。

2 「俗論」の世界

集団的自衛権に関する従来の政府解釈に対して安倍が批判を加える場合、つねに真っ先に遡上にのせるのは、「国際法上保有、憲法上行使不可」という論理である。改めて安倍の批判を見ておこう。

「禁治産者」の規定?

「権利があっても行使できない——それは、財産に権利があるが、自分の自由にならない、というかつての〝禁治産者〟の規定に似ている」「権利を有していれば行使できると考える国際社会の通念のなかで、権利はあるが行使できない、とする論理が、はたしていつまで通用するのだろうか」(『美しい国へ』)

世に「俗論」と言われるものがある。一見すると説得的に思われるが、冷静に分析すると根拠のない議論のことである。右の安倍の議論はその一つの典型であろう。実は、今次の憲法調査会においても、こうした議論が焦点の一つとなった。二〇〇四年三月三日、参議院の憲法調査会において公明党の魚住祐一郎議員は、集団的自衛権についての従来の政府解釈を確認したうえで、「持っているけれども行使できないというのはこれはもう矛盾じゃないかというような立場から批判がありますし、また解釈の変更を求めるという意見があります。だけれども、その意見は、やはり国際法の次元と各国の憲法とか国内法の次元という問題とを混同しているのではないかというふうに私は考えております」と述べて、参考人の見解を問うた。この質問に対し、まず京都大学教授で国際法を講ずる浅田正彦は次のように答えた。

「権利を保持するということとそれから権利を行使するということ、権利を保持する能力と権利を行使する能力というのを峻別するというのは、法律学でいえばもう言わば常識でありまして、（中略）国際法においてもこれは同様であろうというふうに思います」「具体的な例を申し上げますと、……例えば永世中立という考え方があります。これは、主権国家であれば他国と同盟を結ぶということは権利として当然認められておるわけですけれども、しかしながら永世中立国は、自らは他国と同盟を結ばないという選択を行って、永世中立という制度はそれを自己に義務付けたわけであります」「日本も日本国憲法の解釈として、集団的自衛権を国際法上は保持しておるけれどもそれを行使、憲法上行使できないというふうな解釈をとっておるその解釈が正しいということを前提とすれば、それは十分あり得ることであって、これが論理的に矛盾しているとかあり得ないということでは全くないというふうに思っております」

ついで、東京大学教授で国際法を担当する大沼保昭も次のように答弁した。

「私も浅田参考人と全く同じ意見でありまして、……法的に権利を持っているのに行使しないのは矛盾であるということには全くならないと」「国際法上も、自分が本来、自国が本来持っている権利を自国の決断、判断によって拘束するということは十分あり得ることであって、国際法上持っている権利を日本が憲法上それを制約するということは法的に全くあり得ることで、それを矛盾と言うことの私は意味が全く理解できません」

もはや立ち入った説明は不要であろう。「権利を保持していても使用しない」ということは「常識」の問題であり、それが矛盾しているとか「そうした権利は権利ではない」という議論をすること自体が、その意味を「全く理解できない」ことなのである。安倍は「権利があっても行使できない」という状況を「禁治産者」にたとえたが、これでいけば、同盟する権利を保持しながら永世中立を堅持するスイスなどの国は、さしずめ「禁治産者の国家」ということになるであろう。

「俗論」へのこだわり

最後に、安倍のような「俗論」と政府解釈との関係を鮮明に示す国会での応酬をみておこう。それは、二〇〇四年一月二六日、当時は自民党の幹事長であった安倍が衆議院予算委員会において、一九八一年「答弁書」を踏まえつつ行なった、次のような質問である。

「国際法上は持っているけれども、憲法上それは行使できないということを言っているわけでございます。そこで、どうしても聞いてみたくなるのは、国際法上権利を有しているのであれば、我が国は国際法上それを行使することができるのかどうか。憲法上行使できないということは言っているけれども、では、憲法上その権利を有しているのかどうか。さらにはまた、これは「研究してみる余地」ということにもつながってくると思うんですが、「わが国を防衛するため必要最小限度の範囲にとどまるべきものである」、こういうふうにありますが、「範囲にとどまるべき」というのは、これは数量的な概念を示しているわけでありまして、絶対にだめだ、こう言っているわけではないわけであります。とすると、論理的には、この範囲の中に入る集団的自衛権の行使というものが考えられるかどうか。その点について、法制局にお伺いをしたいというふうに思います」

先に見た茂串法制局長官の一九八六年三月の答弁を無視したかのような、こうした議論だてこそが、憲法改正の前にも解釈変更によって集団的自衛権の行使に踏み込もうとする際の根拠をなしているのである。こうして二〇〇七年四月二五日、首相として初の訪米に発つ前夜に、「いかなる場合が憲法で禁止されている集団的自衛権の行使に該当するのか、個別具体的な例に即して検討してもらう」との趣旨で、首相の私的諮問機関として「有識者懇談会」を発足させることが発表されるに至ったのである。

「常識」の世界

さて、右の安倍自民党幹事長の質問に対し、秋山収内閣法制局長官は次のように答えた。「国家が国際法上、ある権利を有しているとしましても、憲法その他の国内法によりその権利の行使を制限することはあり得ることでございまして、国際法上の義務を国内法において履行しない場合とは異なり、国際法と国内法との間の矛盾抵触の問題が生ずるわけではございませんで、法律論としては特段問題があることではございません」

次いで、個別的自衛権に関する三要件、つまり「我が国に対する武力攻撃が発生したこと、この場合にこれを排除するために他に適当な手段がないこと、それから、実力行使の程度が必要限度にとどまるべきこと」を再確認したうえで、集団的自衛権をめぐる政府解釈の核心について次のように説明した。

「お尋ねの集団的自衛権と申しますのは、先ほど述べましたように、我が国に対する武力攻撃が発生していないにもかかわらず外国のために実力を行使するものでありまして、ただいま申し上げました自衛権行使の第一要件、すなわち、我が国に対する武力攻撃が発生したことを満たしていないものでございます。したがいまして、従来、集団的自衛権について、自衛のための必要最小限度の範囲を超えるものという説明をしている局面がございますが、それはこの第一要件を満たしていないという趣旨で申し上げているものでございまして、お尋ねのような意味で、数量的な概念として申し上げているものではございません」

きわめて明白なように、国際法上権利を有していても国内法上その行使に制約を加えることは「矛盾抵触の問題」を生ぜしめることではなく、「法律論としては特段問題があることではございません」という秋山の答弁こそが「常識」であって、それを問題とした安倍の質問こそが「常識」を外れているのである。さらに、集団的自衛権に関する政府解釈は「数量的な概念」にかかわるのではなく、「我が国に対する武力攻撃が発生した」場合であっても自衛権の発動には「三要件」という〝制約〟が課せられている以上、「外国のために実力を行使する」ところの集団的自衛権は認められないということであって、これは一九八六年の茂串答弁の論理であり、何よりも七二年「資料」の論理そのものなのである。

今日の日本において、「使用できない権利は権利でない」といった法律論の「常識」を疑わしめるような議論が、なぜ政界の指導者や著名な有識者、メディアにおいて影響力を持つようになったのかという問題は、軽薄さが支配する論壇状況の分析も含め、別個に検討されねばならない。ただいずれにせよ確認されるべきは、「国際法上保持、憲法上行使不可」という集団的自衛権に関する政府解釈は、法律論としてその妥当性が議論される問題では全くなく、国家が採るべき基本的な選択にかかわる問題なのである。

ところで安倍首相は、集団的自衛権に関する「有識者懇談会」の設置に前後して、内閣法制局に対し憲法解釈の変更を求めたと報じられているが、仮にこうしたことが許されるならば、政権交代がおきる度ごとに、政権の圧力によって解釈が変更されていくという、異常な事態が生じることになるであろう。

第一章　憲章五一条と「ブッシュ・ドクトリン」

1　国連憲章五一条の成立

集団的自衛権は自然権か

序章で検討した「俗論」は別として、集団的自衛権に関する安倍の〝持論〟は、それが個別的自衛権と何ら変わることのない自然権に他ならない、というところにある。いわく、「国連憲章五十一条には、「国連加盟国には個別的かつ集団的自衛権がある」ことが明記されている。集団的自衛権は、個別的自衛権と同じく、世界では国家がもつ自然の権利だと理解されているからだ。いまの日本国憲法は、この国連憲章ができたあとにつくられた。日本も自然権としての集団的自衛権を有していると考えるのは当然であろう」(『美しい国へ』)。

たしかに憲章五一条では、「この憲章のいかなる規定も、国際連合加盟国に対して武力攻撃が発生した場合には、安全保障理事会が国際の平和及び安全の維持に必要な措置をとるまでの間、個別的又は集団的自衛の固有の権利を害するものではない」と規定されている。

この点について、上述の「俗論」や二見議員の質問の問題をはじめとして、安倍の議論に最も大きな「理論的影響」を与えたと思われる著作『集団的自衛権』(ＰＨＰ新書)において、拓殖大学客員教授の佐瀬昌盛は、以下のように論じた。

「個別的・集団的自衛権の権利を「固有の権利」と呼ぶのは、それを自然権とみなすことにほぼ等しいといえるだろう。自然権とは、人間についていえば各人が、国家についていえば各国が、生まれながらにして備えていると見られる権利であって、それは実定法をまつことなくして認められるという性質のものであり、侵し得ぬ、また奪い得ぬ権利である。個人の場合、自存権はその最たるものだろう。国連憲章は国家の自衛権をそういう自然権的なものとして認めた。（中略）「個別的」と並べて「集団的自衛権」をも国家の「固有の権利」とした点にこそ国連憲章の画期性があった」

憲章五一条の成立

それでは、憲章五一条において個別的自衛権と並んで、なぜ集団的自衛権についても「固有の権利」と規定されることになったのであろうか。まずは、いかなる背景をもって五一条が成立することになったのか、その経緯を具体的に検証してみよう。

五一条の成立については、これまで「通説」として次のような説明がなされてきた。

一九四四年八月、ワシントン郊外ダンバートン・オークスに集まった米英中ソ四カ国の代表は一〇月上旬、国連憲章の基礎となった「一般的国際機構設立に関する提案」（ダンバートン・

オークス提案)をまとめあげた。そこでは、「武力行使の一般的禁止」が掲げられるとともに第八章C節二項では、「いかなる強制行動も、安全保障理事会の許可がなければ、地域的取極に基づいて又は地域的機関によってとられてはならない」と規定されていた。つまり、地域的紛争を武力行使によって解決するためには、安保理の許可を必要とする、ということである。

ところが、一九四五年二月のヤルタ会談において常任理事国に拒否権が認められることになったために、紛争が発生しても拒否権の行使によって安保理が機能しない事態が予想されることとなった。そこで、メキシコ・シティの郊外チャプルテペックで開催された米州(北米・中南米)会議において同三月、米州諸国のいずれか一国に対する「いかなる攻撃」もすべての加盟諸国に対する侵略行為とみなされ、「軍事力の行使」をも含む対抗措置がとられることを謳った決議が採択された。この決議は、「安保理の許可なしにはいかなる強制行動もとってはならない」という「ダンバートン・オークス提案」の規定を事実上骨抜きにするものであった。

翌四月からは連合国の代表が集まって国連憲章を作成するサンフランシスコ会議が開催されたが、米州諸国は「チャプルテペック決議」の内容が保障されるのでなければ会議から脱退すると宣言し、「ラテンアメリカの危機」を生ぜしめた。そこで、米国側の「着想」とイニシアティヴに基づき、安保理が機能しない場合には自衛権を発動することが可能となる憲章五一条が導入されることになった、ということである。

以上に描かれた粗筋はおおむね肯定できるものではあるが、基本的にはサンフランシスコ会議の公式レベルの議論を軸とするものであった。しかし近年の研究が示すように、五一条の成立における、より本質的な問題を抉り出すためには、会議の〝裏側〟で行なわれた常任理事国五大国や英米二国間の非公式協議、さらには米代表団内部の議論に関する一次資料の分析が不可欠である。

個別的自衛権は自明

まず確認されるべきは、「ダンバートン・オークス提案」には自衛権に関する規定は明記されていなかった、ということである。一方で、第二章四項(後の国連憲章第二条四項)では、「すべての機構加盟国は、その国際関係において、武力による威嚇あるいは武力の行使を、機構の目的と両立しないいかなる方法によるものも慎まなければならない」と規定されていた。そこで、例えば、サンフランシスコ会議に臨む米代表団のヴァンデンバーグ上院議員が、一九四五年四月一〇日の代表団会議において、この「提案」では「自衛権は排除されているのか」と問いただす場面も見られた。しかし、ハル国務長官の特別補佐を務めていたパスヴォルスキーが答えたように、明記されていなくとも、自国が攻撃された場合に自らを守る「自衛権が存在する」ことは、当然の前提とみなされていた。

このことは、後の公式会議のレベルでも確認された。例えば、提示された国連憲章草案の「前文、目的及び原則」について、各国代表団からなる小委員会において六月一日から検討が開始されたが、「武力行使の禁止」を謳った二条四項に関し、「侵略に対する自衛権は損なわれるべきではないということは明確である」というのが小委員会の一致した認識であった(The UN Conference on International Organization Doc. 739I/1/A/19(a)June 1. 1945)。

自衛権概念の導入

このように個別的自衛権については自明のものとみなされていたが、米代表団の側は、上述した「チャプルテペック決議」がもたらした深刻な問題に直面していた。つまり、安保理が機能しない場合に米州会議のような地域的機関が独自にとる強制行動を、国連の枠内でいかに位置づけるか、という問題である。

ここで「問題解決」への突破口を開いたのが、代表団の一員であるスタッセンであった。彼は五月一〇日の米代表団会議において、代表団スタッフとの事前の討議に基づいて、「国連憲章のなかに自衛権を書き込むことがベストであるとの結論に達した」という覚書を提出した。ここで初めて、後に五一条で明記されることになる、自衛権概念を憲章に組み込む、という方向性が打ち出されたのである。翌一一日、米代表団会議に、上記の「ダンバートン・オークス提案」第八章のB節(平和に対する脅威への対処)への「追加」という形で、米国としての修正案が提出された。それは以下のようなものであった。

「機構加盟国に対する他の国家による攻撃が発生した場合には、当該加盟国は自衛の措置をとる権利を有する。武力攻撃に対して自衛の措置をとる権利は、ある国家グループに属するすべての加盟国が、その一国に対する攻撃をすべてに対する攻撃とみなすことに同意するチャプルテペック決議に具体化されるような取極めに適用される。当該措置をとることは、安全保障理事会がこの憲章のもとで、国際の平和と安全を維持し回復するために必要とみなす行動をいつでもとる権威と責任に対して影響を及ぼすものではない」(*Foreign Relations of the United States*＝*FRUS*, 1945, Vol. I)

この修正案に対しヴァンデンバーグは、「最初のセンテンスにおける〝攻撃〟と二番目のセンテンスにおける〝武力攻撃〟の違い」について問いただした。これに対し、彼のアドヴァイザーであったダレスは「この区別は意図してなされている」と述べ、「攻撃」は、「公然たる攻撃」と政治体制を打倒しようとする「政治的努力」の「双方の事態」をカバーするために用いられ、「武力攻撃」は、「チャプルテペック決議のもとにおける集団的行動に特に関わったもの」であると説明した。ダレスの「攻撃」概念の当否は別として、ここでの彼の説明はきわめて重要な意味をもっている。つまり、個別的自衛権と「集団的行動」(後の集団的自衛権)を峻別し、後者は一般の「攻撃」よりも狭く限定された「武力攻撃」に対応するものとして位置づけられていた、ということなのである。

このダレスの解説に続いて、修正案について様々な議論が交わされたが、なかでも「安保理がいかなる段階においても戦闘を停止させる権限を持つこと」、さらには、個別的自衛権の自明性にかかわって「国家は攻撃に対して自衛の措置をとる権利をすでにして(already)持っている」こと、の二点を明確にする必要性が強調された。これらの指摘を受けてパスヴォルスキーは、スタッセンの覚書をも参考にしつつ、修正案に以下のような変更を行なった。まず、「自衛の措置をとる権利」という文言の前に「固有の」(inherent)という言葉を入れること、次いで、「当該措置」は安保理の権威と責任に対して「影響を及ぼすものではない」という文章の前に、「当該措置」については「直ちに安全保障理事会に報告されなければならない」という一節を挿入する、ということであった。

「固有の」の挿入の意図

ここに、五一条の解釈をめぐって今日まで議論の対象となってきた「固有の」という言葉が初めて導入されたのである。それは、以上の経緯からも明らかなように、個別的自衛権が「すでにして持っている」自明の権利であることを強調しておく必要から出てきたものであり、しかもこの「固有の」という言葉の挿入はあくまで、当初の修正案に比して安保理の位置と役割を明確化させる文言の挿入と〝セット〟としてなされているのである。

なお、米代表団における後の議論で、陸軍・海軍省や上院に「攻撃」と「武力攻撃」の区別を説明することは容易ではないとの意見が出され、「侵略」の言葉が採用されるなどの経緯をへて、最終的には「武力攻撃」という表現に〝一本化〟されることになった。しかし、右に見たように、五一条の原案となった米国提案の起草者たちは個別的自衛権と集団的自衛権とを明確に峻別し、後者には前者以上のきびしい〝縛り〟をかけることを企図していたのである。問題のありかは、翌一二日に開催された五大国、および英米二国間の非公式協議における、英仏両国の提案とそれらをめぐる議論のなかで、より一層明確になってくるであろう。

2 「戦争に訴える自由」をめぐって

イーデン英外相の批判

五月一二日の午後に開かれた五大国の非公式協議では、冒頭、ステティニアス米国務長官が、すでに提出されていたフランス案について米代表団として十分な研究を行なった旨を説明したうえで、右に述べたような経緯をへてまとめ上げられた米国の修正案を提示した。そもそもこのフランス案とは、「ダンバートン・オークス提案」において、安保理の投票手続きについては「なお検討中である」と記されている第六章Ｃ節に対する修正案であって、「安保理が決定に至らなかった場合には、機構加盟国は、平和、権利、そして正義のために必要とみなされる行動をとる権利を留保する」というものであった。

さて、米国の修正案に対し、英国のイーデン外相は直ちに、「これは明らかにラテンアメリカを起源とするもので、最悪の地域主義がもたらされるであろう」ときびしく批判し、「フランス修正案のどこが悪いのか」と問いただした。たしかに、米国の修正案では「チャプルテペック決議」についてのみ特に言及されており、「地域主義」との批判を免れないものであった。さらにイーデンからすれば、安保理が機能しない場合にいかに対処するか、という問題に対する答えは、加盟各国の「自衛行動」を広く認めるフランス案で十分に満たされている、ということなのであった。

自衛権の区別

これに対し米国側は、自らの修正案の意図が「自衛における集団行動の権利」の承認にあり、しかもそうした「集団的あるいはグループによる行動の権利は武力攻撃が生じた場合にのみ発動される」ものであることを強調した。しかし英国の代表団は、「フランス・フォーミュラ〔案〕が何よりもうまく事態に対処できるであろう」と改めて主張した。こうして議論が平行線をたどるなかで、問題の〝決着〟は、続いて開かれた英米の二国間協議の場に持ち込まれた。ここで英代表団は、フランスと米国の修正案を「研究した結果」として自らの修正案を提出した。それは、「平和の破壊」が生じ「安保理が事態を回復させるための措置を決定できない場合には、機構加盟国は権利と正義を維持するために必要とみなされる行動をとる権利を留保する」というものであった。

これに対しステティニアスは直ちに、「とられるべき自衛措置について個別的か集団的か区別されていないではないか」と指摘した。この指摘はきわめて重要な意味をもっていた。なぜなら、米国としては個別的自衛権と集団的自衛権を峻別することが、その修正案の前提におかれていたからである。この問いかけに対し英国側は、「そのように権利を分けることは不必要である」と答え、「安保理が行動できない場合には、自衛権の行使は個別であれ、他の国々との共同であれ、各国家に完全に開かれている」と反論した。これに対し米国側は、英国案は「提案されたフランス修正案と同じく、自衛権の行使の領域を余りにも広範に広げているという欠陥を持っている」と批判した。

「戦争に訴える自由」を確保したい英仏

こうして、英国案と米国案の根本的な違いが鮮明となってきた。英国案はフランス修正案とほぼ変わらないものであり、しかもそのフランス修正案は実は、同代表のビドーが言明したように、「国際連盟規約第一五条の具体化」を求めたものであった。ここで挙げられた連盟規約第一五条の七項では、「連盟理事会に於いて、紛争当事国の代表者を除き、他の連盟理事会員全部の同意ある報告書を得るに至らざるときは、連盟国は、正義公道を維持する為必要と認むる処置を執るの権利を留保す」と規定されていた。なお、「正義公道」とは英語の原文では、“right and justice”(権利と正義)であり、フランスと英国の修正案がこの規定に依拠していることは明らかであった。

つまり、これら両国の修正案は、国際平和機構が機能しない場合には事実上、かつての「戦争に訴える自由」を確保しようとする狙いをもっていたのである。だからこそ英国側は、「米国案は自衛権に制限を加えているから賛成できない」「フランス修正案は、行動の自由をより大きくとることができるからベターである」「フランス修正案は、とられる措置の詳細について特定していないからこそベターである」といった主張を繰り返したのである。

「固有の自衛権」の意味

これに対し米国側は、「それ〔フランス修正案〕は国家による完全な行動の自由を可能とし、その行動の結果として、提案されている国際機構を法的に破壊することができる」と「根本的な批判」を展開した。さらにパスヴォルスキーは、米国の修正案が提起した「固有の自衛権」は、「安保理に行動する十分な機会が与えられる」ことを前提とした自衛権であり、英仏案が求める「戦争に訴える自由」を内実とする自衛権とは全く逆に、その発動は「武力攻撃の場合に限定され、こうして国家が取りうる行動の自由は制限される」ことを改めて強調した。このパスヴォルスキーの指摘に、「固有の権利」としての自衛権概念の本質が示されているのである。

当時、米国側が安保理の果たすべき役割をここまで強調した背景としては、かつてルーズヴェルト大統領やハル国務長官などが構想した国際秩序構想、つまり英仏両国が「行動の自由」を主張して攻守同盟に基づく戦争を推し進めたり、植民地の維持拡大をはかることを阻止し、「普遍的国際機構」のもとで米国主導による国際秩序を構築していくという基本的な理念が、なお〝健在〟であったことが挙げられるであろう。

米国の自衛権概念の受容

以上のように米英両国の見解が鋭く対立するなかで、やがて〝妥協点〟が見出されることになった。それは概略的に言えば、修正案における「チャプルテペック決議」への「直接的な言及」を削除することに米国側が応じる一方、個別的自衛権とは区別される集団的自衛権の概念を導入し、しかもその行使を「武力攻撃の場合」に限定するという米国側の自衛権概念を英国側が受け入れる、というものであった。なお後者の点については、続く会議でフランス代表団のビドー外相も、自衛権概念に関する「自らの立場にたった主張を放棄する」ことを米側に伝え、英仏両国が米国の主張した自衛権概念を受容するに至ったのである。以上の経緯を経てまとめられることになった新たな修正案は、次のようなものであった。

「この憲章のいかなる規定も、安保理が国際の平和及び安全の維持に失敗し、また加盟国に対する武力攻撃が発生した場合には、個別的であれ集団的であれ、自衛の固有の権利を害するものではない。この権利の行使にあたってとられた措置は、直ちに安保理に報告されねばならないし、安保理が国際の平和及び安全の維持または回復のために必要と認める行動をいつでもとる憲章に基づく権能及び責任に対しては、いかなる影響も及ぼすものではない」

後の五大国協議においてソ連が提出した修正案などに基づいて、「安保理が必要な措置をとるまでの間」という文言が挿入されることになったが、この新たな修正案は、ほぼそのまま憲章五一条の条文となったのである。

憲章五一条の本当の意味

改めて確認をしておくならば、五一条で使われている「固有の権利」という言葉の意味は、佐瀬が強調するような、「自然権」としての「生まれながらにして備えていると見られる権利であって、それは実定法をまつことなくして認められているという性質のものであり、侵し得ぬ、また奪い得ぬ権利」といったものでは全くない、ということである。こうした意味の「自然権」は、英仏案に具体化されていた連盟規約一五条にまで遡る「戦争に訴える自由」を内実とするような権利であり、こうした自衛権概念は五一条の成立にあたって「放棄」されたのである。

同じく、英仏案は個別的自衛権と集団的自衛権を区別する必要性を認めず、かつての攻守同盟のようにいかなる制約もなく自衛権を行使する自由を確保しようとするものであったが、米国はあえて両者を峻別して集団的自衛権の概念を設定し、そこに「武力攻撃の発生」という限定を組み込み、安保理の権限を強調したのである。かくして五一条は、あくまで「武力攻撃の場合に限定され、こうして国家がとりうる行動の自由は制限される」ことを前提として成立してきたのである。だからこそ五一条は、第八章(地域的取極)ではなく、「平和に対する脅威」が生じた時に安保理がとるべき措置を定めた第七章に組み込まれたのである。

もはや明らかであろうが、安倍や佐瀬が憲章五一条について、個別的自衛権と集団的自衛権を全く同じレベルにおいて共に自然権であると主張するのは結局のところ、条文の字面を表面的にのみ捉えて議論を次々と飛躍させた結果にすぎないのであって、そこでは五一条の成立の経緯が実証的に踏まえられていないのである。もっとも、この問題にかかわってしばしば引用される、「ニカラグア事件」に関する一九八六年六月の国際司法裁判所の判決に触れておく必要があるであろう。

ニカラグア事件判決

一九七九年七月に、ニカラグアを長年にわたって独裁的に支配してきた親米のソモサ政権を打倒してサンディニスタ政権が成立した。これに対し、一九八一年一月に発足したレーガン政権は、サンディニスタ政権が周辺諸国の反政府ゲリラを援助しているとの理由で、港湾に機雷を敷設し空港に爆撃を加え、さらにはニカラグアの反政府武装勢力コントラに武器を供与するなどの支援を行なった。この事態に対し、サンディニスタ政権が米国による「侵略行為」として、一九八四年に国際司法裁判所に付託したのである。つまり、米国が「テロ支援国家」として訴えられた訳である。その米国が、ニカラグアから攻撃をうけたエルサルバドルなどの「要請」により集団的自衛権を行使した、との主張を行なったため、憲章五一条の成立から四〇年近くを経て、集団的自衛権の問題が初めて国際司法裁判所において審理されることになったのである。

判決は、集団的自衛権の行使であるとの米国の主張は正当化されない、との判断を下したのであるが、その際、集団的自衛権を「慣習国際法上の権利」であると認定した。そこで、これを根拠に、集団的自衛権は個別的自衛権と全く同じ慣習法であって、両者を区別する根拠はこの判決によって失われた、との議論が国会や論壇においても見られる。

しかし実は判決は、集団的自衛権を行使するためには、攻撃の犠牲者たる国家が武力攻撃を受けたことを自ら宣言することと、当該国家からの要請という二条件が要件となるのであって、犠牲者たる国家の要請がない場合に集団的自衛権の行使を容認するような規則は慣習国際法上存在しない、と指摘しているのである。さらに判決は、そもそも集団的自衛権は、反政府勢力への武器の供与など「重大さの程度において劣る武力行使」に対しては行使できず、それはあくまで武力攻撃がなされた場合に限られるとの判断を示し、個別的自衛権に比して集団的自衛権の行使に厳格な要件を課しているのである(Case Concerning Military and Paramilitary Activities in and against Nicaragua, International Court of Justice, 27 June 1986)。

とはいえ、五一条の条文において、「固有の権利」という言葉が個別的自衛権と集団的自衛権の双方にかかる表現となったために、戦後の歴史において、集団的自衛権が大国によって濫用される事態を生み出してきた。大国が集団的自衛権を濫用する場合に、五一条をいかに解釈しているか、その典型的な例を最後に挙げておこう。それは一九七九年末、当時のアフガニスタン政権の「要請」に基づいて集団的自衛権を行使して同国に侵攻したソ連が、安保理で展開した論理である。いわく、「憲章五一条は個別的であれ集団的自衛であれ国家の権利を創出したのではない。それは単にこれらの権利を確認し、特にこれらの権利は国家の侵し得ぬ権利であることを強調したものであり、憲章は断じてこれらの権利を害するものではないのである」と(United Nations Doc. S/PV. 2190)。安倍や佐瀬の五一条理解と、見事に重なり合うことは言を俟たないであろう。

濫用される集団的自衛権

3　「ブッシュ・ドクトリン」の論理

ブッシュ政権のイラク戦争

ここで改めて政府の集団的自衛権に関する定義を見ておこう。集団的自衛権とは、「自国と密接な関係にある外国に対する武力攻撃を、自国が直接攻撃されていないにも関わらず、実力をもって阻止する」ことができる権利、とされている。ここで「密接な関係にある外国」とは、日本の場合、政府が安保条約を軍事同盟と強調する以上、米国であることは言うまでもない。とすれば、日本が集団的自衛権を行使する場合を考えるにあたっては、米国が、そして何よりも現ブッシュ政権がいかなる自衛権概念をもち、それを行使しているのかを検討しておくことは、不可欠の作業であろう。

格好の検討材料はイラク戦争である。これまで日本の政府や外務省は、米国のイラクに対する侵攻について、イラクの大量破壊兵器をめぐる一連の国連安保理決議を法的根拠として挙げてきた。つまり、後述する安保理決議六七八や、「イラクはいかなる大量破壊兵器も使用、開発、入手してはならない」とする安保理決議六八七(一九九一年四月三日)、あるいは「イラクに大量破壊兵器の武装解除の義務を果たす最後の機会を与えるが、重ねて義務違反に及べば重大な結果に直面する」という安保理決議一四四一(二〇〇二年一一月八日)などである。

たしかに開戦にあたって米国政府が安保理にあてた書簡では、戦争の正当化の大部分を安保理決議においている。しかし、実に皮肉なことに、ブッシュ大統領自身が、こうした前提を否定しているのである。彼はイラク開戦を間近に控えた二〇〇三年三月一七日、「サダム・フセインは四八時間以内にイラクを去れ」と題して、「最後通告」としての全米向け演説を行なった。そこで、米国は安保理決議一四四一の採択以来四カ月半にわたり、安保理の枠内でイラクに対する長期的な要求を実現するため努力してきたが、「しかし、安保理常任理事国の中には、イラクに武装解除を強制するいかなる決議案にも拒否権を発動すると公然と表明した国がある。これらの政府は我々と危険の認識を共有しているのに、危険に対応する決意は共有していない。(中略)国連安保理は責任を全うしなかった。それゆえに、我々の責任に応じて立ち上がる」と明確に言い切ったのである。

このブッシュ発言は、事態の経緯を正確に踏まえたものである。つまり、ブッシュ政権自体が、イラクに対する武力行使に踏み切るためには安保理決議一四四一では不十分であることを明確に認識していたのである。というのも、湾岸戦争を根拠づけた一九九〇年一一月二九日の安保理決議六七八では、イラクが一九九一年一月一五日までにクウェートから撤退しないならば、国連加盟国は「いかなる必要な手段も行使」できると明記されていたからである。だからこそ、「武装解除を強制する」同様の決議案を提出して〝安保理のお墨付き〟を獲得しようとしたのであった。

ところがフランスが拒否権の行使を主張したため、採択に至らなかったのである。ただブッシュ政権としては、フランスの拒否権で安保理決議それ自体は形式的には成立しなくとも、「ミドル・シックス」と呼ばれた非常任理事国六カ国の支持を集めて相対多数を獲得できるならば正当性を主張できる、と判断して支持獲得に奔走したのであった。しかし、「ミドル・シックス」の鍵を握っていたカトリック国のメキシコが、当時のローマ法皇ヨハネ・パウロ二世の強力な働きかけをも背景に米国案への支持を拒否した結果、安保理で相対多数を得る見通しも潰えたのであった。

「予防戦争」

こうして安保理が「責任を全うしない」ことが明らかとなった段階で、ブッシュ政権は、「我々の責任に応じて立ち上がる」「米国には自国の安全保障のために武力を行使する権限がある」、つまりは自衛権の発動としてイラクに武力行使することを内外に宣言したのである。それでは、ブッシュ大統領はいかなる論理で自衛権の行使を根拠づけようとしたのであろうか。大統領は三月一七日の演説のなかで次のように述べた。

「われわれは行動を起す。行動しないリスクの方が極めて大きいからだ。すべての自由な国家に危害を加えるイラクの力は、一年、あるいは五年後に何倍にもなるだろう。この力を得れば、サダム・フセインと彼のテロリスト連合は、最強となったときに破壊的な紛争の機会を得ることができる。この脅威が突然、われわれの空や都市を脅かす前に、われわれは今、脅威が発生する場所で、脅威に立ち向かうことを選択する」

言うまでもなく、ここでは憲章五一条が規定する「武力攻撃の発生」も、あるいはそれに至る「差し迫った脅威」も前提とされていない。「恐ろしい日が来る前に、行動するのが手後れになる前に、危険を排除する」ということが強調されているように、それは「予防戦争」と定義づけるほうが正しいであろう。

ブッシュ大統領の自衛権概念は、イラク開戦から一年弱を経た、二〇〇四年二月八日の「NBCニュース」でのインタビューで、より具体的に展開されている。開戦前夜三月一七日の演説でブッシュが、情報機関が収集した情報に基づいて、「イラクの体制はかつて製造されたこともないような、人を死に至らしめる恐るべき兵器を所有し隠匿し続けていることに疑いはない」と発言したことを司会者が指摘したのに対して、ブッシュはその誤りを認めたうえで、戦争に踏み切ったことを次の論理で正当化した。

つまりその論理とは、「サダム・フセインは武器を製造する能力を持っていた」「彼は世界の危険な領域における危険な人物であった」「狂人であった」ということであり、さらに「こうした脅威が切迫したものとなった時には遅すぎるのである。新しい戦争の時代においては遅すぎるのである」というものであった。ブッシュはさらなる司会者の追及を前に、「私の心の中ではサダム・フセインは疑いもなく米国にとって危険であった」とさえ述べた。ただ、いずれにせよここで確認されるべきは、ブッシュにあっては、「敵」が大量破壊兵器を製造する「能力」を持ち、その指導者が米国にとって「危険」とみなされるならば自衛権を発動できる、という論理にたっている、ということなのである。

このような自衛権概念は、イラク開戦の半年前の二〇〇二年九月二〇日に発表された、「米国の国家安全保障戦略」(「ブッシュ・ドクトリン」)で展開された概念に基づいたものと言える。そこではまず、「ならず者国家やテロリスト」の活動によって、攻撃を抑止することの不可能性、脅威の即時性、あり得べき損害の重大性が生まれた、という認識が強調される。続いて、従来国際法学者にあっては先制攻撃が正当化される「切迫せる脅威」とは、「攻撃を準備する陸海空軍の目に見える動員」といったものが想定されてきたが、今やこの「切迫せる脅威の概念に、今日の敵の能力とたくらみ(objectives)を当てねばならない」と指摘される。ここから導き出される結論は、「脅威が増大すればするほど行動しないことの危険性が増大し、かくて、たとえ敵の攻撃の時間と場所が不確定な場合であっても、我々を防衛するために先制的(preemptive)に行動することがいよいよ求められることになる」ということであった。

ブッシュ・ドクトリンの先制攻撃論

こうした主張を軸とした「ブッシュ・ドクトリン」は、一般に先制攻撃論と呼ばれることとなった。もっとも振り返ってみれば、レーガン政権期の一九八三年のグレナダ侵攻や、ブッシュ・シニア政権による一九八九年のパナマ侵攻などは先制攻撃そのものである。従って、後に検討するクリントン政権期の「ならず者国家」概念に基づいた対外政策も含め、「ブッシュ・ドクトリン」は、米国外交におけるこのような〝伝統〟を、「テロとの戦い」の時代に「公式化」したものと言えるであろう。ところで、こうした「公式化」において重要な先例となったのが、一九八一年のイスラエルによる「オシラク空爆事件」であった。

4 イスラエルの「オシラク空爆」の論理

オシラク空爆と自衛権

一九八一年六月七日、イスラエル空軍はイラクのバグダード近郊にあるオシラク原子炉に奇襲攻撃をかけ、空爆によって原子炉をほぼ完全に破壊した。イスラエル政府は特別声明において、この原子炉はイスラエルを攻撃目標におく原爆製造を目的としたもので、核燃料の注入によって一カ月以内、あるいは遅くとも三カ月以内には稼動する状況にあったのであり、イスラエルの安全をはかるためには事態を座視することはできず作戦行動に踏み切った、と主張した。これに対し、空爆をうけたイラクや周辺の中東諸国にとどまらず、国際的にも非難の声が高まるなかで国連安保理が招集され、六月一二日から一九日に至るまで激しい議論が交わされた(United Nations, Security Council Official Record, Thirty-Sixth Year, 2280th-2288th Meeting)。

イスラエルの代表は、オシラク空爆は「道徳的にも法的にも自己保存のための本質的な行為」であり、一般国際法と憲章五一条に基づいた「固有かつ自然権としての自衛権の行使である」と言明した。こうした自衛権を主張する根拠として、オシラク原子炉の稼動を放置するならば「イラクは八〇年代の半ばまでには核兵器を製造する能力を獲得するであろう」ということ、さらにはイラクのフセイン体制はイスラエルを国家として認めず殲滅をはかる「無責任で残忍で好戦的な体制」であり、こうした「破廉恥な体制」が核兵器を持つことになれば、イスラエルにとって「きわめて重大な危険」が生み出されることは明らかである、ということが強調された。

相次ぐ非難

こうしたイスラエルによる自衛権の主張に対し、特に六月一五日の安保理においていて重要な議論が展開された。日本の西堀正弘代表は、「イラクによるイスラエルに対する武力攻撃」がなかった以上、一般国際法においても憲章においてもイスラエルの武力行使を正当化する余地はない、と非難した。またスペインの代表は、イスラエルは「将来の仮定としての脅威を防ぐための予防的(preventive)行動」として自らの攻撃を正当化しようとしているが、「こうした予防的行動の権利」が認められるならば「ジャングルの法」に立ち戻り、国連の「基本原則が破壊」され、「絶対的な無法状態が生み出されるであろう」と警告を発した。

自衛権概念をめぐる国際法上の議論を深めたのは、ウガンダの代表であった。イスラエルが一般国際法と憲章五一条に基づいて自衛権を主張しながら「法の実体」(the body of law)を提起していないと批判したうえで、同代表はまず、ここでの一般国際法とは「カロライン号事件」

に際して確立された自衛権概念であろうと指摘する。この事件は、一八三七年に、英国の植民地支配からの独立を求めるカナダの「叛徒」によって利用されていた米国船カロライン号を英軍が急襲して炎上させた事件で、米国は強く抗議したが、英国側は「自衛と自己保存の必要」に基づく行為であると自衛権を主張した。この際にウェブスター米国務長官が提示したのが、自衛権を主張するためには「即時の、圧倒的な、手段の選択の余地のない、熟慮の時間もない自衛の必要」が証明されなければならない、という定式であった。これが「ウェブスター・フォーミュラ」と呼ばれ、先制的自衛権の行使が正当化される要件として、国連が武力行使禁止原則を掲げて設立されて以降も、特に英米系の国際法学者において広く言及される定式となってきた。

ウガンダの代表は、今回のオシラク空爆はイスラエル当局自体が言明しているように、何カ月にもわたって準備されてきたものであり、右の「フォーミュラ」に照らしても、イスラエルが主張する一般国際法とは「明白に矛盾している」と指摘した。さらに、こういうケースでイスラエルが自衛権を主張することは、あたかもナチス・ドイツがニュルンベルグ裁判で、一九四〇年のノルウェーやデンマークに対する侵攻を自衛権の行使と主張したことを想起させるものので、「全くばかげたこと」と断じた。さらに、イスラエルが憲章五一条をも根拠にあげていることについて、同条は「武力攻撃の発生」を自衛権行使の前提としており、イラクが原子炉を作ることはイスラエルに対する武力攻撃を意味しない、と批判した。以上を踏まえてウガンダの代表は、イスラエルによる自衛権の主張は、一般国際法にも国連憲章にも「真っ向から反するものである」と結論づけたのである。

さらに、シエラレオネの代表は、イスラエルは自らの空爆を正当化するために「先制的(anticipatory)あるいは予防的(preventive)侵攻という新しいテーゼを提起した」と皮肉をこめて批判し、ウガンダの代表と同様に、一般国際法においても憲章五一条に照らしてもイスラエルの自衛権主張は受け入れられない、と主張した。さらに同代表は、自衛権は安保理の保護をあてにできない限度においてのみ存在するのであり、もしイスラエルがイラクに疑惑を抱いているならば、その「証拠」を安保理の場に提示するという手続きが踏まれるべきであって、それなしに行なわれたイスラエルの空爆は法を自ら執行するものに他ならない、ときびしく批判した。

イスラエルの開き直り

以上のような厳しい非難に直面したイスラエルであったが、議論の最終日となった一九日の安保理において、完全に開き直った反論を展開した。つまり同国代表は、「カロライン号事件」は広島原爆の一〇八年も前に起こった事件であり、今日の「ポスト広島の核状況」において、「カロライン号原則(ウェブスター・フォーミュラ)の適用を核破壊の脅威に直面している国家に求めることは、国家の固有かつ自然権としての自衛権を去勢するものである」と論じたのである。つまり、当初主張していた、憲章五一条は言うまでもなく、一般国際法に基づいた自衛権の行使という論理をも事実上放棄し、あたかもシエラレオネ代表が指摘したように、自衛権概念における「新しいテーゼ」に依拠してオシラク空爆の正当化をはかろうとしたのであった。

安保理はこの一九日に採決を行ない、「イラクの核施設に対するイスラエルの予め計画された空爆」を、「武力不行使の原則」を謳った憲章二条四項を侵犯した行為である、と非難する決議(四八七号)を全員一致で採択した。もっとも、米国のカークパトリック代表は採決にあたり、「イスラエルの行為が国連憲章を侵犯したという我々の判断は、イスラエルが問題の解決のために平和的手段を十分に尽くさなかったという確信にのみ基づいている」と言明した。

5　自衛権概念の相克

アナン報告の結論

ここで改めて、イスラエルが結論的に主張した自衛権の論理を整理しておこう。それは、核の時代においては、数年後のことであれ「敵」がもつであろう「核兵器を製造する能力」と、「敵」が「無責任で残忍で好戦的な体制」である、という条件が満たされるならば、国家の生存と国民の安全を守るために自衛権の行使が許される、という論理なのである。こうしたイスラエルの主張する自衛権概念が、「敵の能力とたくらみ」を基準とした「ブッシュ・ドクトリン」と重なり合うことは言を俟たないであろう。ブッシュ政権は、「テロとの戦い」という「新しい戦争」の時代に直面して、かつて安保理が全会一致で憲章違反として非難決議を行なったイスラエルの論理を、新たな自衛権概念の軸心に据えたのである。

たしかに、テロリズムと大量破壊兵器との結合が切迫した危機として認識される時代において、一九世紀以来の一般国際法や、六〇年以上も前に起草された国連憲章がそのまま適用され得るのか、という疑問が生ずるであろう。こうした時代状況をもふまえて、アナン前国連事務総長の諮問に応えて憲章の根本的な再検討を行なった「ハイレベル委員会」の報告(二〇〇四年一二月)や、それを受けた「アナン報告」(二〇〇五年三月)がまとめられた。しかしこれらの報告も、脅威が切迫していないが予防的な武力行使が必要とされる場合があったとしても、問題はあくまで安保理に付託され安保理が権限を持つべきであって、憲章五一条を変更する必要性は認められない、という基本的な立場を確認したのである。

国際司法裁判所の判断

さらにこの間、国際司法裁判所においても、自衛権に関する注目すべき判断が示された。それは、一九八七年と八八年に米軍がイランのオイル・プラットフォーム(石油施設)に攻撃を加えた事件をめぐるもので、イランが提訴して同裁判所に付託され、二〇〇三年一一月六日に判決が出された。そこでは、米国が「個別的自衛権の行使」として法的な正当化をはかるためには、米国になされたとされる攻撃がイランに責任が帰されるべきものであること、さらに、それらの攻撃が「国連憲章五一条の条文が意味する「武力攻撃」と定義づけられ、武力行使に関する慣習国際法で認められるような本質をもった攻撃であったこと、を米国は示さなければならない」と指摘されたのである(Case Concerning Oil Platforms, International Court of Justice, 6 November 2003)。つまり自衛権の行使は、憲章五一条と「ウェブスター・フォーミュラ」に照らして正当化されなければならない、との判断が明確に示された訳である。これは、ブッシュ政権の自衛権概念が、国際法のレベルで論理的に否定されたことを意味している、と言えるであろう。

テロや「ならず者国家」に有効か

それでは次に、「ブッシュ・ドクトリン」を政治のレベルにおいて改めて検討してみよう。まずそれが、「九・一一事件」の衝撃を背景にしていることは疑いないであろう。つまり、大規模テロによる「現代版パールハーバー」に直面して、脅威が現実のものとなる前に攻撃する、という論理が定式化された訳である。しかし、その後の事態の経緯に照らしてみる時、「ブッシュ・ドクトリン」は、テロリズムといった非国家的行為主体に対して、現実にいかなる効果を持っているのであろうか。例えば、「九・一一事件」以降において最も規模が大きいと言われた二〇〇四年三月のマドリードでの列車爆破テロや、二〇〇五年七月のロンドンでの地下鉄同時テロといったテロを考えた場合、仮に事前に「能力と意図」が把握されたとして、一体どこに先制攻撃を加えるのであろうか。そもそも、アルカイダというテロ組織が国土の大半を実質的に支配していたアフガニスタンの場合は、まさに例外的な事例であって、テロリズムとは何よりも、一般社会の内部に潜伏して活動を準備するのであって、それは基本的には治安対策の対象なのである。「テロの時代」であるから「ハイテク兵器」を駆使した先制攻撃が必要という定式化それ自体が、致命的な欠陥をはらんでいるのである。

それでは、行為主体が国家の場合はどうであろうか。そもそも、いかなる主権国家が、史上最大の軍事力を擁する米国に武力攻撃を加えるという「自殺行為」に走るのであろうか。理性と合理的判断力を喪失した「ならず者国家」であろうか。この問題は、ミサイル防衛を論ずる第四章で詳しく検討するとして、さしあたり指摘できることは、クリントン政権の時代に「ならず者国家」と言われる概念が〝登場〟して以来の経緯をみるならば、これら諸国の最大の問題関心は「体制の生き残り」であって、自爆テロも辞さないテロ組織とは、その行動様式を根本的に異にしている、ということである。

先制攻撃の拡散という危険

むしろ検討すべきは、「ブッシュ・ドクトリン」が、「核の拡散」ならぬ「先制攻撃の拡散」をもたらす現実的な危険性である。すでに、フランスやロシア、英国、オーストラリアなども事実上「先制攻撃」の権利を主張し、皮肉にもイランや北朝鮮までもが「米国の排他的権利ではない」などと、同様の主張を行なうまでになってきた。こうした「先制攻撃の拡散」の危険性について、ブッシュ政権は興味深い議論を展開した。

「ブッシュ・ドクトリン」が公表されてから一カ月ばかりの二〇〇二年一〇月一五日、ホワイトハウスのフライシャー報道官は、仮にインドがパキスタンに対して、また中国が台湾に対して「ブッシュ政権の先制攻撃政策」を採用するならば国際法の上で合法とみなすのか、という記者からの質問に対して次のように答えた。つまり、異なった状況においては「異なったドクトリン」がとられるのであり、封じ込め政策は旧ソ連のような「合理的な指導者」に対して機能したが、隣国を侵略するといった「非合理的な指導者」をもつイラクを抑止することはできないのだ、と(White House Spokesman Ari Fleischer, Press Briefing, Oct. 15, 2002)。

「悪の帝国」であったはずのソ連の指導者がいつから「合理的な人物」になったのか不明であるが、いずれにせよ重要なことは、「ブッシュ・ドクトリン」の先制攻撃論が各国に採用されて「拡散」することを防ぐために、イラクの「非合理性」を強調し、その反面として、インド・パキスタン、さらには中国・台湾などを「合理性」をもった国々として扱わざるを得ない、ということなのである。しかし、これはホワイトハウスの〝希望的観測〟にすぎない。例えば、中国は二〇〇五年三月の「反国家分裂法」において、「平和的再統一の可能性」が潰えたときには台湾に対して「非平和的手段」を行使する、つまりは先制攻撃を加えると明言しているのである。

「ジャングルの法」へ

かくして、米国を代表する国際法学者の一人であるエール大学のリースマン教授が鋭く指摘するような深刻な事態が生じることになる。つまり、本質的に異なった文化や価値観、認識レベルによって構成される国際システムにおいては、「ある主体の自己確信的な信念に基づいた先制的自衛の行動」は、他の主体にとっては重大な判断ミスと思われ、さらに別の主体にとっては「あからさまな侵略」と受けとられる、ということなのである(W. M. Reisman, "The Past and Future of the Claim of Preemptive Self-Defense," *AJIL*, Vol. 100, No. 3)。かくして、第二次大戦後における「先制的武力行使の最も明確な例」(リースマン教授)であるイスラエルの「オシラク空爆」の論理を継承したブッシュ政権の先制攻撃論は、一九八一年当時にスペインが指摘し、今や先制攻撃の権利を主張するロシアのプーチン大統領さえも危惧する、「ジャングルの法」への〝先祖がえり〟という性格を帯びざるを得ないのである。

日本の議論の落とし穴

それでは、「ブッシュ・ドクトリン」の検討を踏まえて、日本における集団的自衛権の議論に立ち戻ってみよう。安倍が、日本も集団的自衛権の行使に踏みこむ必要があると主張する場合の「類型」の一つは、公海上で自衛隊の艦船が米軍の艦船と行動を共にしている際に米軍艦船が「敵」から「武力攻撃をうけた」場合に、現在の憲法解釈では、自衛艦は米軍艦船を守るために応戦できないではないか、というケースである。この〝基本形〟を前提にして、様々なシチュエーションにおいて、同様の問題が提出されていくことになる。

しかし、ここで何より重要なことは、これらの想定が、米軍に対する「武力攻撃の発生」という憲章五一条を大前提においている、ということなのである。つまり、五一条に基づいて米軍が自衛権を行使するにあたって、日本の自衛隊も〝参戦〟する必要があるのではないか、という議論の組み立てなのである。しかし、以上に見た「ブッシュ・ドクトリン」の検討に従えば、こうした想定それ自体が全く成り立たないであろう。なぜなら、「テロの時代」においては、憲章五一条はもはや「時代遅れ」とされているからである。

分かりやすい事例として、ベトナム戦争の契機となった一九六四年の「トンキン湾事件」を取り上げてみよう。米国は、米軍艦船に北ベトナム側から攻撃があったとして反撃に乗り出していった訳であるが、これが「でっち上げ」であったということは別として、当時使われたレトリックはあくまで、憲章五一条に基づいた「武力攻撃の発生」であった。しかし、「ブッシュ・ドクトリン」に基づけば、北ベトナム側に米軍艦船を攻撃する「能力と意思」が確認されるならば、その段階で北ベトナムに対して先制攻撃を加えることができるのである。それではこの場合、仮に自衛艦が米軍艦船と行動を共にしているならば、日本は「集団的自衛権」なるものを行使して、北ベトナムに対する先制攻撃に加わるのであろうか。

日本も先制攻撃に加わるのか

「ブッシュ・ドクトリン」以来、自衛権概念をめぐる状況は大きく変化した。

ところがこの間、日本において集団的自衛権が論じられるとき、そこでの自衛権概念が憲章五一条に基づいたものなのか、「ブッシュ・ドクトリン」に基づいたものなのか、この根本的な問題が完全に素通りされているのである。そもそも、この点を明らかにしないままに議論を展開することは、全く意味をなさないのである。

実は、「ブッシュ・ドクトリン」が公表されて一〇日後の二〇〇二年九月三〇日、外務省の幹部は「先制攻撃論」について、「国家ではない集団が攻撃してくるような時に、今までの国際法に基づく自衛権のあり方で良いのかという問題意識は、先駆的で正しい」としたうえで、「日本も問題意識を共有している」と述べていたのである(『読売新聞』二〇〇二年一〇月一日)。この見解を安倍首相も「共有」しているならば、ブッシュ的な「先制攻撃」に日本も加わるべきか否かを、世論に正面から問うべきであろう。

第二章　第一次改憲と六〇年安保改定

1　一九五〇年代の改憲の論理

前章では、集団的自衛権について、いわばその「理論面」について検討してきた。以下の二つの章では、戦後の日米関係において集団的自衛権がどのように位置づけられ議論されてきたのかを見てみたい。まず、九条問題を軸とした憲法改正の動向を洗い直しておこう。

半世紀前の改憲論

自民党は、新憲法草案の正式発表の場を二〇〇五年一一月の立党五〇年記念党大会の場に設定した。ここには、改憲を「党是」に掲げてきた同党の、五〇年の歳月をかけた〃執念〃を感じることができる。それでは、一九五五年の自民党結党当時、第一次改憲の時代と言われる時期の改憲の論理はいかなるものであったのかを検討し、今日の改憲の論理と比較してみたい。

前年一九五四年の春には、自由党と改進党がそれぞれ憲法調査会を設置し、一一月五日には自由党の憲法改正案要綱がまとめられた。そこでは、天皇を元首とすることや、「国防に協力する国民の義務」を検討する必要性が提起されるなど、憲法の全面改正の方向が打ち出されていた。また、要綱に付された「全面改正を要する理由」では、「外国軍隊の占領下という異常な事態」のもとで「少数の外国人」によって憲法が制定されたことが指摘され、明確な「おしつけ憲法論」の立場が明らかにされている(渡辺治『日本国憲法「改正」史』『憲法改正の争点』)。

また、同一一月二四日には改憲勢力を結集した日本民主党が結成され、「政策大綱」において「現行憲法及び占領下諸制度を改革する」ことが謳われた。さらに、翌一二月一〇日には改憲に執念を燃やす同党総裁の鳩山一郎が政権を奪取し、改憲の機運はさらに高まっていった。

これを受けて、翌五五年春から民主党と自由党との間で保守合同に向けた政策協議が開始され、七月二八日には「新党の使命」が決定された。そこでは、直面する「国運の危機」の原因が「敗戦と初期の占領政策の過誤」に求められ、日本を「弱体化」した戦後体制から脱却して「独立体制」を構築していく重大な契機として、憲法改正が位置づけられた。こうして一一月一五日には保守勢力を糾合した自由民主党が結成され、改憲にむけて本格的な歩みが開始されたのである。

「真の独立」と「自主外交」

ここで確認されるべきは、安倍の改憲の論理が、右に見たような自民党結党当時の論理に立脚していることである。例えば、安倍はジャーナリストの櫻井よしことの対談で、自民党結党の理由の一つとして「日本の真の独立」を挙げ、「当時の指導者も、日本の国家体制が自国民の手によるものではないことを自覚していました。自民党の先達はその骨格をもう一度築くことによって、真の独立を回復し、初めて国家目標を定めることができると考えたのです」と述べている（『安倍晋三対談集』）。

しかし実は、安倍の論理と自民党結党当時の改憲の論理には、重大な相違が存在するのである。例えば、上記の日本民主党の「政策大綱」では、「自衛軍を整備して、直接間接の侵略に備え、逐次駐留軍の撤退を可能ならしめることを目途とし、自主防衛体制を整備する」ことが掲げられている。同時にそれに加えて、「積極的自主外交を展開し、各国との国交の正常化を図る」という課題が提起されていたのである。さらに、自由党との保守合同に向けた協議で決定された上述の「新党の使命」では、「自衛軍備を備え、駐留外国軍隊の撤退に備える」ことを展望しつつ、「独立体制の整備」に向けて憲法改正が位置づけられるとともに、「平和外交の積極的展開」が掲げられていたのである。しかも、「新党の使命」と同時に発表された「緊急政策」の最初に掲げられたのは「外交懸案の解決」であり、そこでの第一の課題に位置づけられたのが、米国が〝横やり〟を入れることになる日ソ国交回復であった。

このように、自民党結党当時の改憲の論理には、注目すべき二つの特徴があった。一つは、占領軍は憲法や教育基本法だけではなく、安保条約それ自体をも日本に「押しつけた」、という認識である。従って、再軍備による「自主防衛体制」の整備は、少なくとも論理的には、米軍撤退・米軍基地の撤去と密接にリンクされていたのである。二つは、日本の「真の独立」を達成するためには「自主外交」の展開が不可欠の課題である、という論理である。これは、

「対米一辺倒」と評された吉田外交からの重大な方向転換であり、吉田外交と決別してソ連や中国との国交正常化を図っていくことは、米国によって作り出された戦後体制からの離脱を意味するもの、とみなされていたのである。

安倍の論理と対米一辺倒

ここで改めて、安倍の論理を見てみよう。彼は、上記の櫻井よしことの対談で安保条約について、「憲法九条を変えても、安保条約の条文を変更する必要はないと思います」と明言している。「押しつけられた」憲法とともに安保条約も変える、という一九五〇年代の論理と全く異なっているのである。

さらにまた安倍は、「日米関係が強固になればなるほど、極東アジア情勢の安定は高まってくるはずです」と強調している。この発言は、二〇〇五年一一月に京都でブッシュと会談した際の小泉前首相が述べた、「日米関係が良すぎたり緊密すぎたりすると、日本は方向性を失ってしまうため、日米関係はほどほどにという意見が一部にあるようだが、私はこのような考えはとっていない。日米関係が緊密であればあるほど、中国、韓国、アジア諸国との関係にも資するのである」というスタンスと、まさに軌を一にしているのである。

それはまた皮肉なことに、吉田元首相の「対米一辺倒外交」の路線の継承と言えるであろう。吉田自身の言葉を借りるならば、この路線は「堂々と親米一途に徹すべく」(吉田茂『世界と日本』)ということになる。この立場にたって吉田は、鳩山が乗り出した日ソ交渉の〝妨害〟に傾注し、さらに中国との接近にも強く反対した。近年公開された外交文書によれば、吉田は米国側に対し、「中国民《（ママ）》の只中に人を送りこんで中国の交通をサボタージュし、阻害し、ひいて、いつの日か、かのにくむべき圧制を顚覆するための地ならしをすることができる」と述べて、中国の共産政権の打倒を目指す「逆浸透」(counter-infiltration)の策略を提起していたのである(外務省編『日本外交文書・平和条約の締結に関する調書』第一冊)。

ちなみに、安倍は首相に就任してすぐに中国訪問に踏み切り、村山談話を踏襲し、靖国参拝では「あいまい戦略」をとっている。しかし、彼の基本的なスタンスは、「中国に靖国問題などで譲れば、ほかの問題についても強い態度にでてこないとはいい切れない。それは長期的に見て国益を損なうことにつながります」というところにあるのであろう(『安倍晋三対論集』)。また、彼が最大の執念を燃やす集団的自衛権の〝全面解禁〟や、彼の持論である日米印豪四カ国による「普遍的価値観同盟」は、事実上の中国包囲戦略と見ることができよう。

以上のように見てくるならば、小泉や安倍の路線は、米国との関係さえ緊密さを維持しておくならば日本の安全は確保されるという意味において、基本的に吉田の外交路線の継承と言えるのである。つまり、自民党の結党当時に、「真の独立」と「戦後体制からの脱却」をめざすにあたって、決別の対象とされたはずの吉田外交が、奇妙なことに安倍外交の前提をなしているのである。

ただ一方で、安倍は軍事面においては、一九五三年に吉田が自衛隊発足をめぐる国会質疑のなかで、「戦力を持つの軍隊にはいたさない」と述べて「戦力なき軍隊」論を展開したことを、「この矛盾に満ちた無理な説明は、後に日本の安全保障にとって大きな障害となる可能性をはらんでいた」と批判し、経済優先・軽武装路線が「国家にとってもっとも大切な安全保障についての思考をどんどん後退させてしまった」と、いわゆる「吉田ドクトリン」をきびしく指弾するのである（『美しい国へ』）。

吉田ドクトリン批判

実は、こうした「吉田ドクトリン」をめぐる外交と軍事の正反対ともいえる評価の相違のなかにこそ、集団的自衛権の行使を最大の課題に掲げる安倍の路線の本質的な問題がはらまれているのである。ただ、その問題は後で検討するとして、まずは、「真の独立体制の整備」に向けて改憲に乗り出した、結党当時の指導者たちが歩んだ「独立」への模索を検証してみたい。

2　旧安保条約と米軍撤退論

重光・ダレス会談

一九五五年六月から「自主外交」を象徴する日ソ交渉が開始される一方で、同八月末には鳩山政権の外相重光葵《しげみつまもる》が訪米してダレス国務長官と会談した。重光にとってこの訪米の最大の目的は、日本には基地を提供する義務はあるが米国には日本を防衛する義務はないという、不平等きわまりない駐軍協定としての旧安保条約の改定を要請することであった。このために彼は、「日本国とアメリカ合衆国との間の相互防衛条約(試案)」という、具体的な安保改定案を準備したのであった。

ダレスとの会談でこの試案がそのまま提出されることはなかったが、事前にアリソン駐日大使を通して非公式に内容が伝えられていた。その第四条は「相互防衛の発動条項」と題され、「各締約国は、西太平洋区域においていずれか一方の締約国の領域又はその施政権下にある地域に対して行われる武力攻撃が自国の平和及び安全を危うくするものと認め、かつ、自国の憲法上の手続きに従って共通の危険に対処するため行動することを宣言する」と規定されていた。つまり、西太平洋をめぐって日米両国が第三国からの武力攻撃に対応し、互いに集団的自衛権を行使できる相互防衛条約に改定することが企図されていたのである。

この点について、八月三〇日の会談でダレスは、「現憲法下において相互防衛条約が可能であるか」「日本は米国を守ることが出来るか。たとえばグワム(グアム島)が攻撃された場合はどうか」と重光に問い詰めた。この詰問は、ダレスならずとも至極当然の問いかけであった。なぜなら、前年の一九五四年、自衛隊の発足にあたり、参議院は六月二日の本会議において「自衛隊の海外出動をなさざることに関する決議」を採択していた。さらに翌日には下田武三条約局長が衆議院外務委員会において、「日本が攻撃されれば相手国は日本を助ける、相手国が攻撃されたら日本は相手国を助ける、救援に赴くという趣旨の共同防衛協定を締結することは現憲法下において不可能であろう」と、集団的自衛権の行使は憲法上許されないとする、政府としての初めての答弁を行なっていたからである。

ダレスの要求

ダレスの詰問に対し重光は、「その様な場合は協議をすればよい」「（憲法上は）自衛が目的でなければならないが兵力の使用につき協議できる」と答えたが、ダレスは「それは全く新しい話である。日本が協議に依って海外出兵出来ると伝う事は知らなかった」と皮肉たっぷりに切り返した。

もっとも、西太平洋を持ち出した重光ではあったが、日本が有事の際に行動するのは日本本土、沖縄・小笠原、グアムなどであって、朝鮮、台湾、フィリッピンなどは米国が攻撃をうけても日本は防衛の義務を負わない、という「解釈」にたっていた（坂元一哉『日米同盟の絆』）。つまり、当時の共産諸国の軍事能力からして、ほぼ攻撃が不可能なグアムを別とすれば、日本が防衛の義務を負うのは、日本の本土と「固有の領土」としての沖縄・小笠原という島々であって、日本が紛争に巻き込まれる恐れのある地域は慎重に外されていたのである。

いずれにせよ、この時の会談においてダレスは重光の安保改定要求に対して、「憲法がこれを許さなければ意味がない」「自衛力が完備し憲法が改正されれば始めて新事態ということができる」と述べて、安保改定を受け入れる大前提として、日本がまず憲法改正を行ない、集団的自衛権の行使を可能とすることを強調したのである。すでに一九五三年以来、米国が日本に供与するＭＳＡ（相互防衛援助）をめぐる事務レベル交渉のなかで、集団的自衛権の問題は議論されていたが、この重光訪米を機に、集団的自衛権の行使が、米国の公然たる要求として初めて日本側に提起されることになったのである。

米軍全面撤退を求める重光

このように、ダレスは重光の提案を〝門前払い〟した訳であったが、実は重光案のなかにダレスを危惧させる重大な項目が含まれていた。それは、上記の「相互防衛条約（試案）」の第五条である。そこでは、「日本国内に配備されたアメリカ合衆国の軍隊は、この条約の効力発生とともに、撤退を開始するものとする」「アメリカ合衆国の陸軍及び海軍の一切の地上部隊は、日本国の防衛六箇年計画の完遂年度の終了後おそくも九十日以内に、日本国よりの撤退を完了するものとする」と規定されていた。この第五条は、ダレスとの公式会談の場では出されなかったが、実は当時の安保条約を相互防衛条約に改定するという重光案の最大の眼目は、ここに示されているように、米軍の全面撤退を実現させるところにあったのである。

こうした重光の狙いにダレスは激しく反発した。重光に対し、「（共産勢力と戦うためには）米国が自由陣営の指導勢力であり米国の援助を受けこれを誇りにすることを国民に知らせることであると考える。米国の重要性を否むことは駄目である」と言い放った。こうした強硬な姿勢の背景には、「〔相互防衛条約に移行することは〕米国が兵力と基地を日本に維持する権利を断念せざるを得なくなることを意味するであろう。しかも、そういう特権は、日本政府の同意に依存することになるであろう」という危機意識があった(FRUS, 1955-1957, Vol. XXIII, Part1)。このダレスの言葉には、安保条約の本質問題が集約的に表現されている、と言えるであろう。つまり、ダレスにとっては、日本が集団的自衛権を行使して「米国を守る」ことよりも、米国が日本の基地を特権的に維持し続けることの方が、米国の戦略にとってはるかに重要な意味を持っていた、ということなのである。

「真の独立」への道

ちなみに、筆者は拙著『安保条約の成立』において、一九五一年一月末から二月にかけて吉田首相とダレス(当時は米大統領特使)との間で展開された交渉について、焦点は日本の再軍備問題にあったという「通説」に対し、日米の資料を再検証することによって、当時のダレスにとって再軍備問題は副次的な課題であり、交渉における彼の最大の獲得目標は、「望むだけの軍隊を、望む場所に、望む期間だけ駐留させる権利」の獲得にあった、ということを明らかにした。つまり彼にとっては、日本を独立させて以降も、占領期の米軍の特権の維持を保障するような条約を締結することこそが、死活的な意味をもっていたのである。だからこそダレスは、この特権の喪失につながりかねない重光案に、かくも激しい反発を示したのである。米国側のこの大前提に対し、「現在のままでは日本国民は独立を完成していないと考えている」という立場にたつ重光は、集団的自衛権への踏み込みを巧みに掲げてこの根幹に切り込み、米軍全面撤退から基地撤去をも展望しつつ、「真の独立」への道を探ろうとしたのである。

3 「極東条項」なき安保条約案

外務省条約局の改定案

以上のような狙いをもった重光案が、結果的には〝門前払い〟を食らったことを受けて、外務省内部において、安保条約のもう一つの根幹に切り込む安保改定案が策定された。それが、一九五七年三月に外務省条約局でまとめられた「日米安全保障条約改訂案」であった(第一九回外交文書公開分、二〇〇五年二月)。

この「改訂案」の狙いについては、その「説明」に記された「改訂の理由」において鮮明に示されている。いわく、「今回の改訂案は、いわゆる相互防衛方式をとろうとするものではない。日本についてだけ共同防衛方式をとろうとするものである。軍隊を配備する権利が一方的に米国に与えられているのであるから、防衛についての義務が一方的になるのは当然のことである。日本の防衛は、日本に駐屯する米軍の自衛にほかならない。したがって防衛さるべき区域を日本以外までに拡げることによって、無理に「双務的」にする理由はない」と。

つまり、重光が試みたような双務的な条約案ではなく、まずなによりも在日米軍の「義務」と「行動の限界」を明確にさせることによって、不平等条約からの脱却をはかろうとするものであった。具体的には第一条で、米軍の日本配備の目的を「日本国に対する武力攻撃の阻止に寄与するため」と、旧安保条約には明記されていなかった駐留米軍の日本防衛義務を定めた。さらに第二条において、米軍は「日本国政府の事前の同意」を得ることなしには、日本の基地を日本防衛以外の「いかなる軍事行動のための基地としても使用しない」と明記された。ここで「同意」が与えられる場合とは、「国連による軍事行動に米国が参加する形をとる場合」が想定されていた。

極東条項の削除案

このように、在日米軍には「行動の限界」が課せられるのであるが、それを象徴するのが、後述する経緯で旧安保条約に挿入された「極東条項」の削除である。その理由は、「米側の権利を一方的に規定したもので、日本にとって好ましいものでないことはいうまでもない」からであり、より具体的には、「米側が台湾あたりで軍事行動を起こして日本を戦争にまき込むのではないかという国内の不安に応えんとするものである」ということであった。

北朝鮮が公然と韓国を侵略して開始された朝鮮戦争が休戦してから未だ四年も経ていない時期に、「国内の不安」と称しつつ、米国の側から軍事行動を起こして戦争を生ぜしめるという事態を想定していることは、きわめて興味深い。いずれにせよ、米軍による日本の基地使用の〝許容範囲〟を事実上、国連決議に基づいた朝鮮戦争のような場合に限定し、さらに「極東条項」を削除するということは、この「改訂案」の狙いが、一九五一年二月の交渉において、日米間で当初合意されていた地点に安保条約を立ち返らせるところにある、ということを示している。その地点とは、いかなるものであったろうか。

極東条項の起源

一九五一年二月八日、米国側は日本側に対し、講和条約が発効した時点でなお「国連軍」(事実上の米軍)が朝鮮半島での作戦を継続している場合には、「日本が、現在どおり国連軍の通過と日本における物資買付によって、国連軍を支持すべき趣旨」を内容とした「追加文書」を手交した。これは、日本が独立を果たした後も朝鮮戦争の基地として日本を〝自由使用〟することを求める米軍部の要請であったが、日本側も「異存なし」と受け入れて翌九日に日米間で署名が交わされ、これで安保条約は〝決着〟を見たはずであった。

ところが、その後にいたって米統合参謀本部は、「追加文書の法的基礎が国連決議だけである」という点を批判し始めた。具体的に何が問題かと言えば、「極東において将来必要となるであろう軍事行動」、つまり「中国本土(満州を含む)、台湾、ソ連、そして公海を含む極東での軍事作戦における米国(国連の後援のもとにない)によるあり得べき一方的行動」を「追加文書」が予定していない、ということであった。つまり、国連決議に基づくことなく米軍独自の判断で軍事行動を一方的に行なう場合にも、日本の基地を自由に使用できる権利を獲得しよう、という狙いであった(拙著『安保条約の成立』)。

かくして七月末にいたり米国側は、「極東における国際の平和と安全の維持」のために駐留米軍が日本の基地を使用できる旨を、安保条約本文の第一条に挿入するように求めてきたのである。これが、今日にまでいたる「極東条項」の〝起源〟である。この条項は、占領期の米軍の特権が維持され続けるという意味で「占領条項」であり、「押しつけられた条項」と言うべきであろう。同時に重大な問題は、米軍による日本の基地使用が、一定地域における米国領への「武力攻撃の発生」を前提にするのではなく、「極東における国際の平和と安全の維持」といった、曖昧な規定に基づくことが前提とされている点である。東京大学の元国際法教授高野雄一がいみじくも指摘したように、「憲章五一条の外でオペレートする場合があることを予定しているとしか考えられない」ような内実をもっているのである(高野雄一『集団安保と自衛権』)。

悔恨の条項

当時、米側との交渉にあたった西村熊雄条約局長は、次のように嘆いた。「安保条約のように、適用地域(日本国)と別に地域外における軍隊の使用を規定する方式をとっている条約は、他にない」「「極東条項」に関連する諸問題——極東の範囲をどう考えるか、極東における国際の平和と安全の維持に寄与するため在日米国軍隊が使用される場合、日本の提供している施設・区域が使用されるとして、日本政府がどの程度この使用に関与しようるか――について、じゅうぶん考慮をめぐらさないで簡単に総理にＯＫしかるべしと意見を申し上げた。これについては、今日にいたるまで事務当局として責務の遂行に不十分なところがあり、汗顔の至りである」と（前掲『平和条約の締結に関する調書』第三冊）。

一九五七年三月の「改訂案」は、まさに当時のこうした〝悔恨〟を背景に、米国によって押しつけられた「占領条項」としての「極東条項」を削除し、米軍の行動を日本防衛と国連決議の枠内に限定するという狙いをもっていたのである。その意味で、条約を、一九五一年二月の地点に戻そうとするものであった。「改訂案」を作成した条約局の局長は高橋通敏であり、参事官は藤崎万里であったが、彼らこそ、一九五一年の日米交渉の当時、西村の下にあって、「アメリカに強制されたもの」とみなされるような条約に抵抗し、米軍の駐留や行動を国連と結びつけるべきことを強く主張したメンバーであった。

集団的自衛権の位置づけ

それでは、この「改訂案」において、集団的自衛権の問題はいかに位置づけられているのであろうか。

「憲法九条の解釈上、日本に自衛権があり、その自衛権には国連憲章上個別的のそれと集団的のそれがありうるとしても、日本のもちうる集団的自衛権は、自国の防衛のため他国の助けをかりうるという消極面に限られていると解すべきで、集団的自衛権があるからといって、他国と本格的な相互防衛条約を結んで他国の領域までも防衛するとなすことは（中略）、憲法第九条の趣旨をあまりに逸脱した解釈であると考えられる。改訂条約案による場合、相互防衛関係は、いわば日本と在日米軍との間に成立するとみるべきで、それは平和と安全の維持のため協力することを標ぼうする二国の間で、その一方だけに他方の軍隊が駐屯する場合の相互防衛関係としては、最も自然な形であるということができよう」

こうした立論を理解するためには、先にふれたようにこの「改訂案」が、「日本の防衛は、日本に駐屯する米軍の自衛にほかならない」という前提にたっていることを踏まえておかなければならない。つまり、米軍が日本を防衛するということは、日本にある米軍基地を防衛するという意味において米国にとって個別的自衛権の行使であり、同時に他国としての日本を防衛するという意味で集団的自衛権の行使でもあるのであって、日米関係における集団的自衛権はこうした関係性において成立する、ということなのである。

「五分五分の論理」

それでは、こうした主張を支える論理とはいかなるものであったろうか。それは、日米交渉の当時に西村たちが主張した、「日本が米国に駐屯してもらいたいというこことが真理であるとおなじく、米国が日本に駐兵したいことも真理であると思う。五分五分のところである」という、いわゆる「五分五分の論理」であった。これは、朝鮮戦争の勃発によって「プライス」(価値)が飛躍的に向上した、米軍への基地提供というカードを最大限に活用しようとする「パワーポリティクス」の観点にたつ論理であった。つまり、「米国が日本に駐兵したいことも真理」と指摘されるように、日本の基地なしには米国が朝鮮戦争を戦うことができないという〝足許〟を見据えて、バーゲニングを仕掛けようとするものであった。しかも重要なことは、「朝鮮有事」と「日本有事」を峻別し、ソ連や中国の脅威よりも米ソ全面戦争に巻き込まれることを何よりも危惧していることに明らかなように、米国が主張する情勢認識や脅威認識と一線を画した地点から論理を組み立てていることである。ここには、米国からの「自立」とか「独立」という議論の前提には、米国に左右されない独自の情勢認識と分析が不可欠である、ということが鮮明に示されている。

以上に見たように、この「改訂案」は、「五分五分の論理」にたち、「占領条項」としての「極東条項」を削除するなど、一九五一年の日米交渉で成し遂げられなかった課題の実現を目指すものであった。一九五七年当時は公式のレベルでは米側に伝えられなかったが、後に見るように、一九六〇年の安保改定交渉で重要な意味をもつことになるのである。

4　集団的自衛権の「棚上げ」

外務省欧米局の微調整論

一九五七年三月に外務省条約局が、当時の安保条約の根幹に切り込む「改訂案」をまとめていた当時、同省の「欧米局」(のちのアメリカ局)においては、全く逆の方向が志向されていた。それは、安全保障課長の東郷文彦が主導するもので、安保条約の改正や修正ではなく、「不備の是正」を求めるという「微調整」論であった。そもそも東郷は、安保条約をめぐって、国連との関係とか「極東条項」の存在が問題となること自体が「どうも充分解らぬこと」という認識をもっていたが、その前提にあったのは、「米軍の行動が日本の平和と安全の要請に背反することはないはず」という確信であった(東郷文彦『日米外交三十年』)。この点で、国会での答弁の矢面にたって条約と憲法との関係を常に追及されるばかりではなく、「米側が台湾あたりで軍事行動を起こして日本を戦争にまき込むのではないか」といった世論の疑念を〝共有〟する条約局とは、基本的な立場を異にしていたのである。

一九五七年二月に石橋湛山《たんざん》の後を襲って首相に就任した岸信介は、安保条約の改正に強い意欲をもっていた。しかし、こうした条約局と欧米局との対立によって外務省としての改正案の作成がすすまず、また先に述べた重光訪米に同行してその〝失敗〟を目の当たりにしたこともあって、慎重にことを運ぶ道を選択した。従って、同年六月の米国訪問では、「安全保障条約に関して生ずる問題を検討する」ための委員会の設置という「成果」に甘んじることとなった。

実は、当時の日米関係は日本の世論の動向を見ても、きわめてきびしい状況に直面していた。一九五四年の米国によるビキニ諸島での水爆実験で被爆した第五福竜丸の事件は、世界的な反核運動の先駆けとなる市民運動を生み出したが、米国の強硬な姿勢への反発から、これらの運動は次第に反米の色彩を深めていった。さらに、国内では米軍基地の設置や拡張をめぐって激しい基地闘争が全国的に展開され、岸政権成立の前月におきた相馬ヶ原米軍射撃場での米兵による日本農婦射殺事件は、裁判権さえもち得ない安保条約の不平等性を象徴するものとして、反安保・反米の機運をさらに高めることとなった。

マッカーサー大使の新条約草案

こうした情勢を背景に、安保条約の抜本的な改正に動き出したのが、占領軍最高司令官マッカーサーの甥にあたるマッカーサー駐日米大使であった。彼は一九五八年二月一八日にダレス国務長官に対し、全一一条からなる新条約草案を送付した。この草案の最大の眼目は、条約区域を規定した第五条である。そこでは、「各締約国は、一方の締約国の領土またはその施政下にある地域にたいする、西太平洋地域内での武力攻撃がみずからの平和および安全を危うくするものであることを認め、自国の憲法上の手続きに従って共通の危険に対処するよう行動することを宣言する」と謳われていた。

それでは、「西太平洋」とはどこの地域をさしているのであろうか。マッカーサーによれば、それは日本の領土と、米国の統治下にあって「対日平和条約第三条」に言及されている島々である沖縄と小笠原諸島を意味していた。つまり、先に見た一九五五年八月の重光案を踏まえつつ、そこからグアム島を外した地域、ということであった（原彬久『日米関係の構図』）。

草案に付した書簡において、マッカーサーはダレスに対し、ここまでの〝譲歩〟に踏み切った背景を次のように説明した。まず彼は、現行の安保条約が「一方的」なものであることを認めたうえで、それを修正するにあたっては、「単に小手先で手直しを試みるのではなく真の相互安全保障条約をめざすべきである」と進言する。具体的には、西太平洋や東南アジアの諸国と米国が結んでいる諸条約と「同じ基本形」に従うべきである、ということなのである。しかし、これらの条約では締約国は、西太平洋における米国の領土や、その施政下にある地域の防衛を義務づけられている。

この点についてマッカーサーは、安保条約を相互的な条約に改正するにあたっては、これまで、「日本は、米本土や太平洋の米国領が攻撃された場合に米国を援助することに同意しなければならない」という立場が前提条件として示されることがあったが、日本の憲法解釈と政治情勢を見るならば、実質的に「こうした条件」を下ろすべきである、と主張する。その上で彼は、「もし我々が日本をパートナーとして維持し、我々にとってきわめて重要な日本の軍事および補給施設のいくつかを使用し続けることができるならば、かなり限定された領域を除いて、日本が我々のために来援するという約束を得ることは必要不可欠なことではない」と言い切ったのである(*FRUS*, 1958–1960, Vol. XVIII)。

集団的自衛権問題の棚上げ

この提言は、ダレスが重光に突きつけた構図を、一八〇度転換させることを意味していた。すでに見たように、ダレスは重光に対し、米国が日本を防衛することを義務づけるような相互的な条約に安保条約を改正するためには、その前提として、まず日本が米国領の防衛に参戦できるように憲法を改正し、集団的自衛権の行使に踏み出さねばならない、と言明していた。ところがマッカーサーは、日本の改憲と集団的自衛権の行使の課題を〝棚上げ〟し、それが実現するのを待たずに、日本には基地提供義務はあるが米国には日本防衛義務はないという「一方的で片務的」な条約を改め、米国の防衛義務を明確にするという意味での「相互的」な安保条約の締結に踏み出すことを求めたのである。

後述するように、マッカーサーが提起したこの基本的な枠組みのもとで一九六〇年の安保改定が行なわれることになる訳であるが、こうした事態の経緯こそが、今日に至るまで集団的自衛権の課題が積み残される背景をなすことになったのである。かくして、米国にとって日本が集団的自衛権の行使に踏み込むか否かという問題は、ダレス・重光会談以来、実に半世紀以上にわたって日本が果たすべき「宿題」とみなされることになったのである。しかもそれは、米国の軍事戦略に日本をより深く組み込むという課題に他ならないのである。

それでは、なぜマッカーサーは安保条約をめぐり、日米関係に課せられていた構図を根底から転換する方向に踏み切ったのであろうか。まず挙げられることは、ダレスへの書簡でマッカーサーが指摘していたように、米国にとって日本の米軍基地がもつ軍事戦略上のきわめて重要な位置づけの問題である。マッカーサーは、「日本の真の価値ある貢献とは、米軍基地と兵站施設の提供および日本の防衛における共同行動」にあり、それが条約の「相互性」になると認識していたのである。

基地確保の重要性

問題は、米国の軍事戦略にとってこれほどまでに重要性をもつ日本の基地を、いかにして確保し続けていくか、ということであった。この点でマッカーサーが直面し痛感していた最大の難題は、日本の世論と政治情勢であった。先にみたダレス宛の書簡以来、マッカーサーが繰り返し警告を発していたことは、基地問題や核問題を背景にした反米感情が増大していくなかで、現行の「片務的」な安保条約をこのまま放置するならば、日本は「中立主義や非同盟主義」に進み、「一方的な宣言」によって条約を終焉させることが「最良の国益」であると信じるようになる危険性がある、ということであった。しかも、今や重要な工業国となった日本が「米国から離れていく」という方向を選択するならば、それはアジアやアフリカ諸国にまで深刻な影響を及ぼすであろう、ということであった。

もちろんマッカーサーは、岸首相が「現在の密接な日米関係を変えたくない」という立場にたっていることは確信していた。しかし、日本にのみ基地提供を義務づける現行の安保条約のもとで、米国が日本の防衛に参加しないと日本人が感じるならば、世論の批判が高まり、「この国〔日本〕は急速に中立主義の立場を取らざるを得ないと感じるようになるであろう」と深刻に危惧していたのである。

事態の〝先取り〟

マッカーサーが、安保条約の改正問題について、従来の米国の基本方針を一八〇度転換させる方向に踏み切り、当時のアイゼンハワー政権もそれを受け入れた背景とは、以上のようなものであった。逆に言えば、条約改正に強く抵抗する米軍部や議会の態度を根本的に変えさせることになったのは、親米派の政治家や外交官の交渉力というよりは、「中立主義」に向かう危険性をはらんだ日本の世論や大衆運動の動向に関する評価であった。先に触れたように、日本の外務省欧米局が「微調整」論に立っているときに、マッカーサーや米国の政権側が、日本の世論や政治の動向をきわめてリアルに分析した上で、大胆な方向転換を打ち出して事態を〝先取り〟した、ということなのである。

この意味からするならば、外務省条約局が旧安保条約の交渉にあたって、日本の米軍基地がもつ「プライス」を格好のバーゲニング・カードとして位置づけ、「五分五分の論理」を掲げて、基地の設置条件や費用負担、条約の期限などについて日本側に少しでも有利な条件を獲得しようと試みたことは、パワーポリティクスの〝常識〟を遂行しようとしたものと評価されるべきであろう。

ところが、こうした〝常識〟はその後の日本外交の主流とはなり得ず、他方、安保改定で行なわれたような米国側の〝先取り〟は、例えば後の沖縄返還問題でも見られることになった。日本の政府や外務省が、日本の側から米国に沖縄の返還を求めるならば「米国の感情を害するであろう」とか、「米国の反発を招くであろう」と逡巡しているなかで、ライシャワー駐日大使をはじめ米側関係者が、「祖国復帰」を求める沖縄の広範な世論状況を放置するならば基地の維持それ自体が困難になるであろうと判断して、文字通り事態を〝先取り〟する形で本国政府に決断を迫ったのである（我部政明『沖縄返還とは何だったのか』）。

日本の側が基本的に〝情緒的〟なレベルで対米関係に臨んでいるのに対し、米国の側が常にリアルなパワーポリティクスで対応している、というこの〝不均衡〟こそが、安保条約を軸とした戦後の日米関係を根幹で規定してきた、と言っても過言ではないであろう。

5　「広義」と「狭義」の集団的自衛権

見捨てられた沖縄

安保改定をめぐる日米間の交渉は、一九五八年一〇月四日にマッカーサーが日本側に新条約草案を正式に提示したことで大きな転機を迎えた。この草案では条約区域は、先の二月一八日のマッカーサー提案が「西太平洋」となっていたのに対し、軍部の要求によって「太平洋」に拡大されていた。しかし、その後の日本側の強い反対もあって、最終的には「日本国の施政の下にある領域における、いずれか一方に対する武力攻撃」に対して日米双方が憲法上の規定に従って対処する、という第五条として決着を見ることになった。

なおこの過程で、当初から条約区域に含まれていた沖縄や小笠原諸島が日本側の要請で削除されることになったが、そこには、沖縄返還を求める声が増大することを懸念する岸政権側の思惑、あるいは核兵器を自由に導入できる沖縄の戦略的な位置を確保し続けるために日本本土と切り離して扱うべきことを求める芦田元首相などの主張、さらには沖縄を介してアジアの戦争に巻き込まれることを危惧する社会党の議論などが複雑に絡まりあい、結果的に沖縄は、改めて本土から〝見捨てられる〟という事態を招くことになったのである。

極東条項の堅持

ところで、マッカーサーは一一月三日、ダレスに対し、条約区域を日本の施政下にある領域に限定することで日本側に譲歩するいわば〝代償〟として、「極東における国際の平和と安全の維持が相互の関心事である」という文言を挿入することによって、旧条約にあった「極東条項」を堅持することを提言した。こうして、改定された安保条約(つまりは現行条約)において、米軍が日本の基地を使用する目的を、「日本国の安全に寄与し、並びに極東における国際の平和及び安全の維持に寄与するため」と規定した第六条が生み出されることになったのである。

しかしこの第六条は、米国が日本の防衛を約する〝代償〟というレベルをはるかに越える本質をもっていた。なぜなら、第五条は「武力攻撃」の発生が前提とされているのに対し、第六条はそれを前提とせず、すでに指摘したように、「極東における国際の平和と安全」というきわめて曖昧な規定によって米軍が日本の基地を使用できるという、「占領条項」の性格を引き継いでいるからである。安保改定交渉の当時、外務省から法制局に参事官として出向していた村上謙の証言によれば、翌五九年秋の臨時国会において「極東の範囲」問題で苦境に立った岸政権は、条約課長の井川克一を通して、米国側に第六条における「極東条項」の削除を申し入れたが拒否された、とのことである(原彬久『戦後日本と国際政治』)。占領体制からの脱却を求める岸政権が直面したジレンマ、と言う以外にないであろう。

たしかに、条約区域を日本の領域に限定した以上は、その〝代償〟が必要であるというマッカーサーの論理は理解できるとしても、安保条約が国連憲章の目的と原則を再確認しその遵守を謳っている以上、米軍の行動には憲章五一条の規定に従い、一定地域における「武力攻撃の発生」という〝縛り〟をかけることが必要不可欠であった。この〝縛り〟を欠くことによって「極東条項」は、「憲章五一条の外でオペレートする場合」、つまりは、憲章を無視した米国の「一方的行動」を予め想定している、という根本的な批判を改めて招くことになるのである。

事前協議制

ところで、この「極東条項」の導入は、米国の行なう戦争に日本が巻き込まれるのではないかという世論の批判を招き、岸政権としても「独立国」としての体面をはかる上からも、在日米軍の行動に対して日本側としての〝発言権〟を確保する必要に迫られた。それが事前協議制である。新安保条約の「条約第六条の実施に関する交換公文」では、①米軍の日本への配置における重要な変更、②米軍の装備における重要な変更(核兵器の持ち込み)、③日本からの戦闘作戦行動のための基地使用、の三つが、日米政府間における「事前協議」の主題と規定された。さらに、一九六〇年一月一九日の岸・アイゼンハワー共同声明において、米政府が「日本政府の意思に反して行動する意図のないことを保証する」旨が盛り込まれ、日本が在日米軍の行動に対して「拒否権」をもつ体裁が整えられた。

「拒否権」

この「拒否権」をめぐって、当時具体的にどのような議論が交わされたのかをフォローしておくことは、今日の集団的自衛権の問題との関係で重要であろう。例えば、一九六〇年四月二八日の衆議院日米安全保障条約等特別委員会において、社会党の受田新吉議員は事前協議制に関して、「日本側がノーと言ったときに、向こうがなお、ノーと言う日本側の意思を無視して、日本の意思に反した行動をした場合に、一体どういう措置がとられるのか、これを一つお答え願いたい」と問いただした。これに対し岸首相は、「日米相互の信頼関係」を大前提としつつも、「もちろんそういうことに対して強く反省を求め、もしくは国際的に訴えるという手もございましょうし、あるいは最後におきましては条約を破棄するということが――そういう誠実を持って、守られない、相手側がそれに違反しておるということであれば、廃棄するということもできると思います」と答弁した。

さらに同党の竹田源太郎議員がより具体的に、一九五八年に台湾海峡の金門・馬祖島をめぐって生じた中台両軍の紛争の例をとりあげて対応を問うたのに対し、岸首相は、「ああいうような状態の事件が起こった場合において、米軍がもしも出動しようという場合においては、私は拒否いたします」と、かねてから表明していた立場を再確認した。その上で、「極東の範囲内におきましても、われわれは、そこに出動しようという場合の米軍に対して、その事態によってイエスと言う場合もありますし、ノーと言う場合もあるのでありまして、極東の範囲であればば常にイエスと言わなければならない、そんな問題じゃない」と、明言した。

つまり岸は、台湾有事と日本有事を峻別して対応するという答弁に見られるように、「極東の範囲」であっても日本の安全に直接関わらない事態については、米軍の出動に「拒否権」を発し、それに米軍が従わない場合には条約の破棄もあり得る、という原則的な立場を表明したのである。こうした立場表明の前提には、日本と米国との間で国際情勢の認識において相容れないことがあろうし、両国間において国益概念が相違することがあるという、パワーポリティクスからして〝常識〟に属することが前提におかれていた。なぜこの点が強調される必要があるかと言えば、その後の日本外交において、この〝常識〟がそれとして認識されていない事態が、今日の日米の「軍事的一体化」論に至るまで一貫して継続しているからである。

密約の存在

もちろん岸首相の右の立場は、岸・アイゼンハワー共同声明を踏まえた事前協議制の建前を突きつめた上での話であって、その後の資料公開や新たな資料の発掘によって明らかにされてきたように、当時日米間においては、核艦船の寄港問題や朝鮮半島有事などをめぐって、事前協議制を骨抜きにする様々な「密約」が取り交わされていたのである。とはいえ重要なことは、「密約」はあくまで「密約」であって、政府や外務省は国会などの場で国民に対して公式に行なった答弁や約束に縛られているのであり、「密約」に基づいて履行された事態が明らかになった場合には、たちまち苦境に立たされることにならざるを得ないのである。こうした、いわば〝公的な縛り〟が、その後の日米関係を規定してきた点を過小評価してはならないであろう。もっとも、米軍の活動に一定の〝縛り〟をかける制度を米国が受け入れた大前提には、核兵器の導入をはじめ基地の自由使用が可能な沖縄の存在があったのである(前掲『日米外交三十年』)。

集団的自衛権の中核

さて、「極東条項」の導入は、事前協議制をめぐる議論ばかりではなく、日本が米国の戦争に巻き込まれ、海外派兵を求められるのではないかという懸念を背景に、集団的自衛権のあり方をめぐっても重要な論戦をまき起こした。

集団的自衛権に関する岸政権の立場は、一九六〇年二月一〇日の参議院本会議における岸首相の答弁に良く示されている。そこで岸は、「実は集団的自衛権という観念につきましては、学者の間にいろいろと議論がありまして、広狭の差があると思います。しかし、問題の要点、中心的な問題は、自国と密接な関係にある他の国が侵略された場合に、これを自国が侵略されたと同じような立場から、その侵略されておる他国にまで出かけていってこれを防衛するということが、集団的自衛権の中心的な問題になると思います。そういうものは、日本国憲法においてそういうことができないことはこれは当然」と答えたのである。

他方で岸は、同年二月一三日の衆議院予算委員会において、「海外派兵はいたしません。基地を貸すとか、あるいは経済援助をするということを、集団的自衛権という観念に含ませて言う考え方をとれば、そう言って差し支えない」という立場を明らかにした。続けて林修三法制局長官も、「いわゆる他国に行って、他国を防衛するということは、国連憲章上は、集団的自衛権として違法性の阻却の事由として認められておりますけれども、日本の憲法上はそこまでは認められていない。（中略）しからば基地の提供あるいは経済援助というものは、日本の憲法上禁止されてはいない。仮にこれを人が集団的自衛権と呼ぼうとも、そういうものは禁止されていない」との答弁を行なった。

以上のような立場は、同年五月一六日の衆議院内閣委員会において、赤城宗徳防衛庁長官によって、改めて次のように表明された。いわく、「日本が集団的自衛権をもつといっても集団的自衛権の本来の行使というものはできないのが憲法第九条の規定だと思う。たとえばアメリカが侵害されたというときに安保条約によって日本が集団的自衛権を行使してアメリカ本土に行って、そうしてこれを守るというような集団的自衛権、仮に言えるならば日本はそういうものはもっていない。であるので国際的に集団的自衛権というものは持っているが、その集団的自衛権というものは日本の憲法の第九条において非常に制限されている」と。

「広義」と「狭義」の峻別

要するに、集団的自衛権に関する岸政権の立場は、それを「広義」と「狭義」に峻別し、他国(米国)を守るために海外まで行って武力を行使することを、「本来の」あるいは「中心的な」集団的自衛権の行使ととらえて、こうした「狭義」の集団的自衛権については憲法上認められていない、ということなのである。

この点につき林法制局長官は、一九六〇年四月二八日の衆議院安保特別委員会において、憲法九条の第一項と第二項を「総合」して考えた場合に、個別的自衛権は当然認められるが、「普通に考えられる自衛措置を越えて他国に対して出ていくということは、やはり、私は憲法九条の容認するところではない」と考えていると述べて、九条全体として集団的自衛権は否認されるとの見解を表明した。他方において、基地提供とか経済援助などは、いわば「広義」の集団的自衛権とみなして容認されるということであり、このような意味において、日本の集団的自衛権は「非常に制限」されたものにならざるを得ない、という立場なのである。

こうした、集団的自衛権を「広義」と「狭義」に区分けして事態に対応するというあり方は、中米コスタリカの例を考えると理解しやすいであろう。同国は一九四九年に制定された憲法第一二条において、「恒久的な機関としての軍隊は禁止される」と規定して、非武装を「国是」としている。もっとも、緊急の国家防衛の必要性などが生じた場合に「軍は（再）組織される」と明記されており、再軍備の可能性は否定されていない。

さらに同国は、「アメリカ〔米州〕の一国に対するいかなる国の攻撃も、アメリカのすべての国に対する攻撃とみなされる」と規定して集団的自衛権をかかげた米州相互援助条約（「リオ条約」一九四八年発効）の加盟国でもある。しかし、コスタリカはリオ条約を批准するに際し、海外派兵を行なうことを一方的に拒否する立場を内外に明らかにし、今日に至るまでこの立場を貫いている。つまり、非武装の同国は、リオ条約に基づく集団的自衛権の行使にあたっては武力行使以外の方法で実施する、という基本的な原則を堅持してきたのである。文字通り、「広義」と「狭義」の峻別に他ならない（竹村卓『非武装平和憲法と国際政治・コスタリカの場合』）。

在日米軍基地の防衛の論理

ところで、改正された安保条約第五条によって日本は、在日米軍基地が攻撃された場合に、米国とともにそれらの基地を防衛することを約することになったが、野党議員や少なからぬ国際法学者から、これは日本による集団的自衛権の行使ではないか、という疑問が提出された。これについて林法制局長官は、一九六〇年二月一三日の衆議院予算委員会において、「在日米軍に対する攻撃については、〔米軍が〕日本にいる以上、日本の領土、領海、領空に対する攻撃をせずに、これを攻撃することはできませんから、日本においては、これを個別的自衛権の発動として排除できる。しかし米国の立場に立ってみた場合は、……自国に対する攻撃と見て、その場合には個別的自衛権、しかし同時に、日本を守るという意味においては集団的自衛権、この両方の自衛権の発動ということになる」との見解を表明した。興味深いことに、実はこの見解の論理は、先に検討した、一九五七年三月に条約局がとりまとめた、「極東条項」なき安保条約案の論理に他ならなかったのである。

以上に見たように、岸政権は六〇年安保国会を通して、集団的自衛権を「広義」と「狭義」に区分けし、基地提供などの安保条約上の義務は履行しつつ、他国(米国)防衛のために海外で武力を行使するという集団的自衛権の「中核」については憲法上認められない、という基本的な立場を明確化させたのである。後に検討するように、「広義」にあたる領域はその後〃拡大〃を続けることになったが、「狭義」の武力行使については、自衛隊が戦争中のイラクにまで派遣される事態となっても、なお突破されることなき〃最後の領域〃となっているのである。今日の憲法改正問題の焦点とは、まさしくここに存在するのである。

第三章　政府解釈の形成と限界

1　中曾根政権と集団的自衛権

国民的な拡がりをもった安保闘争によって岸首相が退陣を余儀なくされたことを受けて、新しく政権の座についた池田勇人は就任早々「在任中は改憲しない」旨を言明し、かくして一九六〇年代から八〇年代にいたる「改憲受難の時代」が始まった。

韓国・台湾条項

とはいえ、内外情勢の転換点において、憲法の枠組みが問われる事態が生み出された。

一九六九年一一月の佐藤栄作首相とニクソン大統領の会談によって沖縄の「核抜き本土並み」返還が合意されたが、同時に、「韓国の安全は日本自身の安全にとって緊要である」「台湾地域における平和と安全の維持も日本の安全にとってきわめて重要な要素である」という、「韓国・台湾条項」が確認された。これらの条項は、沖縄の返還によって基地機能が変わらざるを得ない事態を前にして、「イエスもありノーもある」という事前協議の建前にもかかわらず、日本政府が、韓国有事や台湾有事の際に米軍が日本の基地を使用するにあたって、「前向きで速やかに」対応することを約したものであった。

かくして、例えば韓国の安全が脅かされたときには、それが日本の安全に直結するものとみなされ、集団的自衛権の行使にまで踏み込むのではないか、という危惧が広がった。これに対し、佐藤首相は一九七二年五月一八日の参議院内閣委員会において、「韓国が侵略された、あるいはとにかく韓国に事変が起きた、それが直ちに日本の侵略あるいは日本の事変と考える、これは行き過ぎだと思う」と明言した。前年七月の「ニクソン・ショック」を経て米中両国が和解に向かうという東アジア情勢の激変に直面して、一二月には国家非常事態が宣言されるという韓国情勢の緊迫化にもかかわらず、佐藤は韓国有事と日本有事を明確に峻別したのである。

いずれにせよ、序章で述べたように、この佐藤発言から五カ月を経ない一九七二年一〇月一四日に、集団的自衛権に関する「政府資料」が提出された訳であったが、それを取り巻く政治的背景とは以上のようなものであった。「ニクソン・ショック」以来の一九七〇年代は、いわゆる「デタント」の時代であり、一九七六年には「大規模な武力紛争が生起する可能性は少ない」という情勢認識に基づいた「防衛計画の大綱」が策定された。しかし、米国はすでに七〇年代半ばから、アフリカなどへのソ連の世界的な「拡張政策」に危機感を深め、「デタント」の根本的な見直しに入っていたが、一九七九年のイランでのイスラム革命やソ連のアフガニスタン侵攻の前後から、「新冷戦」の時代に突入した。

新冷戦時代の日米同盟

米国は、一九八一年五月の鈴木善幸首相の訪米において、一千海里シーレーン防衛が「公約」されたとしてその具体化を迫ることになったが、一九八三年一月の中曾根康弘首相とレーガン大統領の共同声明以来、日米「同盟関係」が一気に進展することになった。「ソ連の脅威」に対処するために、「不沈空母」や「日米運命共同体」といったレトリックを背景に、自衛隊による対米防衛協力が質量ともに急速に深められていった。こうした情勢展開をうけて、国会においては集団的自衛権の問題が本格的な議論となった。

例えば、一九八三年二月四日の衆議院予算委員会において、公明党の矢野絢也議員が、「極東有事」に際して米海軍の艦艇を自衛隊が公海上で護衛することは集団的自衛権にあたるのか否かを問うたのに対し、中曾根首相は、問題を「日本が武力攻撃を受けた場合」と「日本有事」に組み替えて、「救援、来援するアメリカの艦船に対して、その日本に対する救援活動が阻害されるという場合に、日本側がこれを救い出す、こういうことは領海においても公海においても、憲法に違反しない個別的自衛権の範囲内である」と答弁した。

またシーレーン防衛に関連して、日本への物資を輸送している第三国の船舶が攻撃を受けた場合について、政府は同年三月一五日、「その攻撃を排除することは、わが国を防衛するため必要最小限度のものである以上、個別的自衛権の行使の範囲に含まれるものと考える」との見解を発表した。さらに、ソ連が極東において軍事行動を開始した場合に、日本が宗谷、津軽、対馬の三海峡の封鎖に乗り出すか否かが問われた問題について同年三月八日、次のような政府見解が明らかにされた。つまり、日本に対する武力攻撃が発生していない状態においては、米国が行なう通峡阻止に同意を与えることは拒否するが、日本への攻撃が緊迫性をもっていると判断される場合は例外的に考慮する、ということである。

個別的自衛権の拡大解釈

以上のように、中曾根政権は、様々な事態を個別的自衛権の解釈の範囲を拡大することによって「日本有事」に絞り込み、集団的自衛権への踏み込みを回避しようとしたのである。現に中曾根は、一九八三年一月二七日の衆議院本会議において、「集団的自衛権の行使は、もとより憲法上許されない」と明言していた。というのも、序章で触れたように、一九八一年五月二九日の「政府答弁書」において、一九七二年の「政府資料」の見地を踏襲しつつ、集団的自衛権は「憲法上許されない」との政府の立場が改めて表明されていたからである。

さらに、それから一週間後の同年六月三日には、衆議院法務委員会において角田禮次郎内閣法制局長官は、「〔集団的自衛権を〕持っていると言っても、それは結局国際法上独立の主権国家であるという意味しかないわけでございます。したがって、個別的自衛権と集団的自衛権との比較において、集団的自衛権は一切行使できないという意味においては、持っていようが持っていまいが同じだ」と、踏み込んだ答弁を行なっていた。

日米間の防衛協力関係が飛躍的に進んだ八〇年代ではあったが、集団的自衛権に関しては、一九七二年の「政府資料」でまとめられた立場が支配的な位置を占めていたのである。それは、自衛隊は五四年の発足以来、現憲法下においては「他国に加えられた武力攻撃を阻止する」ことは許されず、集団的自衛権を行使するためには憲法の改正を要する、ということであった。

2　転換点としての「安保再定義」

湾岸戦争と国連平和協力法案

しかし事態は、ベルリンの壁の崩壊に象徴される「冷戦の終焉」を経て、一九九〇年代に入って一気に動き出すことになった。一九九〇年八月のイラクによるクウェート侵攻と翌年はじめの湾岸戦争の勃発は、「日本有事」あるいは「極東有事」を対象としてきた日本の安全保障をめぐる議論の前提を、根底から揺り動かすものであった。「国際貢献」の名によって自衛隊を遠く中東まで派遣することの是非が、正面から問われることになった。

当時の海部俊樹政権は一九九〇年一〇月に、「集団的自衛権は行使しない」という原則にたちつつ、「武力行使と一体化」することなく、「あらかじめ戦闘が行われないと見通される地域」に自衛隊を派遣して「後方支援」にあたらせる、という内容を盛り込んだ国連平和協力法案を提出した。この法案の前提をなしていたのは、実はかつての「安保国会」において示された政府の憲法解釈であった。

一九五九年三月一九日の参議院予算委員会において、米軍に対する自衛隊の補給業務と憲法解釈との関係を問われた林内閣法制局長官は、燃料の販売や病院の提供といった非軍事行動の業務はすでに朝鮮戦争の際に行なっており、憲法上禁止されないが、「極東の平和と安全のために出動する米軍と一体をなすような行動をして補給業務をすることは、これは憲法上違法ではないかと思います」と答弁した。これが、いわゆる武力行使との「一体化論」である。これを踏まえて海部政権は同法案について、戦闘行為と「一線を画された」ところでの「後方支援」を前提としており、従来の憲法解釈をこえるものではないと主張した。しかし、「一体化」するかしないかの〝線引き〟について説得的な説明をなしえない中で、世論と野党の強い反対によって、この法案は廃案となった。

安保再定義

ところで、湾岸戦争は「多国籍軍」によって担われ、国連事務総長は「報告」を受けるのみで、正式の国連軍が組織された訳ではなかった。とはいえ、とにかくも安保理決議に基づいた軍事的制裁であり、基本的には集団安全保障の問題であって、集団的自衛権そのものにかかわる問題ではなかった。しかし、一九九〇年代の後半から集団的自衛権それ自体が正面から問われる事態が日本の周辺で展開されていった。それが、一九九四年の「戦争一歩手前」と言われた北朝鮮の核危機であり、一九九六年に行なわれた台湾史上初の民主的な総統選挙に前後する中台危機であった。

これらの危機を背景に一九九六年四月、橋本龍太郎首相とクリントン大統領との首脳会談において日米安保共同宣言が出された。これが「安保再定義」であり、安保条約の果たすべき目的が、それまでの「極東における国際の平和及び安全」から「アジア太平洋地域の平和と安全」に一挙に拡大され、一九七八年一一月に策定された「ガイドライン」(日米防衛協力のための指針)の見直しが明記された。この「旧ガイドライン」は実は、一九五五年からおよそ二〇年間にわたって、歴代首相にも秘密裏に自衛隊と在日米軍の間で毎年つくりあげられていた「共同統合作戦計画」が、当時のソ連の脅威を背景に、米国側の圧力によって「オーソライズ」されたものであった。つまりは、シビリアンコントロールの根幹をゆるがす秘密計画が、公式に追認されることになった訳である(朝日新聞「自衛隊五〇年」取材班『自衛隊』)。

「旧ガイドライン」は、①侵略を未然に防止する態勢、②日本に対する武力攻撃への対処、③極東事態で日本の安全に重要な影響を与える場合の日米協力、という三段階が想定されていた。しかし、日本の集団的自衛権に関する憲法解釈によって、③に関してはほとんど具体化は進んでいなかった。それが今や「極東事態」から「周辺事態」に概念が拡大され、そこにおける日米協力のあり方が見直し作業の核心を占めることになったのである。

新ガイドラインと周辺事態法

一九九七年九月に策定された「新ガイドライン」では、「周辺事態」において日本が担う役割として、補給、輸送、警備、民間空港・港湾の米軍使用など四〇項目が列挙された。これをうけて一九九八年四月に、対米支援を具体化するための周辺事態法案が閣議決定され、政局の変動を経て翌年三月から審議入りとなり、同年五月に成立をみた。

ここで「周辺事態」とは、「そのまま放置すれば我が国に対する直接の武力攻撃に至るおそれのある事態等周辺の地域における我が国の平和及び安全に重要な影響を与える事態」と定義された。しかし、「周辺」の領域については「地理的なものではない」とされ、「事態」についても日米双方の「認識・調整・措置」によって定められるという、きわめてあいまいなものであった。ただ、橋本内閣は法案の提出にあたって、集団的自衛権に関する従来の政府解釈を変更しないことを確認していたために、米軍に対する支援は、「現に戦闘行為が行なわれておらず、かつ、そこで実施される活動の期間を通じて戦闘行為が行なわれることがないと認められる我が国周辺の公海及びその上空の範囲」とされる「後方地域」において、「武力行使と一体化」しないことを前提に実施される、というものであった。

無条件の対米協力

しかし、その後の集団的自衛権をめぐる議論との関係において周辺事態法のもつ最大の問題点は、誰が「周辺事態」を認定するのか、という点にあった。一九九九年四月一日の衆議院防衛指針特別委員会において公明党の富沢篤紘議員は、「米国が、周辺事態が発生した、日本に協力要請をする、これに対して日本政府がノーと言うことも当然考えられると思いますが、そういう想定はできますか」と核心に切り込む質問を行なった。これに対し野呂田芳成防衛庁長官は、「観念的には考えられますけれども、私たち(日米両国)は絶えず緊密な連絡調整をやっているわけですから、実態上はないと思います」との答弁を行なった。この答弁は、「周辺事態」の認定が実質的には米国によって行なわれ、しかも米国からの要請には「ノーと言わない」との立場を明言したものであった。

しかし、実はこうした立場は、橋本に代わって政権を握っていた小渕恵三首相がすでに表明していたものであった。三月一八日の同委員会において、当時与党であった自由党の東祥三議員が、「日米同盟の信頼を確保する上で不可欠」と周辺事態法案の意義を強調したのに対し、小渕は、「周辺事態」に際して行動している米軍に対して日本が協力することは「日米同盟関係の本旨に照らして当然のことであると考えます」と答えていたのである。

そもそも、「ガイドライン」のもとでの対米支援については、小渕自身が「その実施を条約で法的に義務づけられたものではありません」(「衆議院本会議」一九九九年三月一二日)と述べていたように、安保条約のいかなる条文にも法的根拠をおいたものではなかった。しかし、米国が「周辺事態」と認定すれば、日本は〝無条件〟で協力するという立場を公然と打ち出したことは、日米関係においても、日本の防衛外交政策においても、重大な転換点を意味していた。

見解の齟齬と米国の危機感

すでに見た六〇年「安保国会」における岸首相の答弁でも明らかなように、「事前協議」制について歴代の政府は、「イエスもあればノーもある」という「拒否権」行使の可能性という立場を、建前であれ堅持してきた。「韓国条項」についても佐藤首相は、韓国有事と日本有事を峻別して対処する姿勢を明確にさせた。そこでは、当事者たちの信念は別としても、日米間において国際情勢の認識や追求すべき国益が異なり得る、ということが前提となっていた。

実はこうした状況に危機感を深めていたのは、他ならぬ米国の側であった。例えば、一九六〇年代半ばには、「核武装」問題を機に日本外交が「漂流」していくことを危惧したライシャワー駐日大使は、何よりも日米防衛関係に関して互いの役割分担を再検討し、明確化させる必要性を本国政府に提言した。この提言を受けて、国務・国防両省間の検討グループのもとで研究が行なわれ、一九六六年六月に二つの「対日政策文書」がまとめあげられた。

そこでとりわけ注目すべきは、日本が防衛政策を決定するに際しては、「軍事・外交上のチャンネルをフルに活用し、日本政府がアメリカと一致した見解を持つように影響を与えるべきだ」と指摘されていたことである（中島信吾『戦後日本の防衛政策』）。つまり、在日米軍基地を確保し、日本の核武装を抑え、日本を引き続き米国の軍事戦略の枠内に組み込んでおくためには、国際情勢の認識を始めとして、日本が米国と「一致した見解」を持つように影響力を行使することが重大な課題として設定され、かくして、その後の様々なレベルにおける「日米安保対話」が、それを実現していく場として位置づけられていくことになったのである。

日米同盟軽視への危機感

中曾根政権の時代における「日米運命共同体」路線は、彼自身の思惑を超えて、米国から見れば右の方針の「成功例」であったことは間違いない。しかし、冷戦が終焉して以降の複雑な世界情勢の展開のなかで、米国が深刻な懸念を抱くことになった政策指針が日本から発せられた。

それが、細川護熙首相の私的諮問機関である「防衛問題懇談会」が、一九九四年八月にまとめた「日本の安全保障と防衛力のあり方」と題する報告書であった。そこでは、「総合的な安全保障政策の構築」の必要性において最初に掲げられた課題が「多角的安全保障協力の促進」であり、「日米安全保障関係の機能充実」はその次に位置づけられていた。第二次朝鮮戦争の勃発さえ危惧された北朝鮮の核危機の直後にもかかわらず、今後の日本の安全保障政策において安保条約があたかも二次的に位置づけられたかのような報告書は、おそらくは懇談会メンバーの主観的な意思をこえて、米国において強い反発を生み出した。かくして、「〔日本が〕日米同盟から離れつつある」との危機感を背景に、国防次官補のジョセフ・ナイを軸にまとめあげられたのが「安保再定義」の戦略方針であり、そこから日米安保共同宣言、「ガイドライン」の見直し、そして周辺事態法案の策定へ、と一気に進むことになったのである。

小渕首相が「日米同盟関係の本旨」に基づいて〝無条件〟の対米協力を約したことは、一九六〇年代以来「一致した見解」を日本に求め続けてきた米国の執拗な働きかけの成果であり、何よりも一九九四年以来の米国側の〝巻き返し〟の大きな成果であった。当時、米国を代表する国際政治学者であるハーバード大学教授のスタンレイ・ホフマンが「安保再定義」について、「日本が引き続きアメリカ外交政策の従順な道具になる。つまり、独自の対中政策を持つことなくアメリカの信頼できるジュニア・パートナーであり続けるだろうという仮定」を前提にしたもの、と評したことは、まさに事の本質を突いていたのである。

集団的自衛権行使の要請へ

周辺事態法案は一九九九年五月に成立をみた。翌二〇〇〇年一〇月には元国防次官補のリチャード・アーミテージやナイを始めとした米国の超党派の「知日派グループ」が、「米国と日本―成熟したパートナーシップに向けて」と題する特別報告を発表した。そこでは、冷戦終焉後に日本の一部で生まれた「アジア化の概念」や「多国間の枠組み」への幻想が一九九六年の日米安保共同宣言で克服された意義が強調されたうえで、二一世紀において日米両国間で「共通の認識とアプローチ」を構築していく重要性が指摘された。そして、その文脈において、「日本が集団的自衛権を禁じていることが両国の同盟関係を制約している。この禁止が取り除かれれば、より緊密で効果的な安保協力が可能となるであろう」との〝干渉的要請〟が発せられた。そもそもアーミテージは、日米安保共同宣言の段階から、日本側において「安保再定義」が集団的自衛権に関する従来の憲法解釈の枠内で進められることを批判し、「日本が集団的自衛権を行使できるようにならなければ、ガイドラインの見直しは意味を持たない」と主張していたのである(外岡他『日米同盟半世紀』)。

つまり米国が求めていたものは、単に「周辺事態」において日本が「ノー」を言うことなく「後方地域」で対米支援を行なうといったレベルだけではなく、何よりも、集団的自衛権の行使に踏み込んで、武力行使を伴った軍事的支援を行なうことにあったのである。このように集団的自衛権の課題は、米国による一九九〇年代半ばからの具体的な戦略的要請のなかに位置づけられていた、ということを確認しておかねばならない。

3 「テロとの戦い」と自衛隊派遣

対テロ特措法

二〇〇一年九月一一日の米国における同時多発テロ事件は、国際社会に大きな衝撃を与えたばかりではなく、日米関係にも重大な影響を及ぼした。同年一〇月に米国がアフガニスタンへの攻撃を開始する前夜に小泉政権がまとめたテロ対策特別措置法案は、実質的にはイージス艦のインド洋派遣を根拠づけるものとなったが、極東でもアジア・太平洋でもなく、しかも米軍による戦争が行なわれている領域に自衛隊が派遣されるという、従来の枠組みを大きく突破する内実をはらんでいた。しかし小泉首相は、「武力行使はしない、戦闘行為には参加しない、戦場になっていないところでできるだけの支援を行なう」という〝論理〟を展開し、一カ月も経ることなく法案は成立を見たのである。「テロとの戦い」が拡大すれば支援する地域も無限定に拡大するのではないかという危惧に対しては、「無限定といえば無限定ですよ」といった〝開き直り〟によって、集団的自衛権にかかわる従来の憲法解釈上の様々な〝制約〟については、緻密な議論が展開される余地はなかった。

「武力攻撃予測事態」の狙い

小泉政権は、さらに翌二〇〇二年四月一六日に武力攻撃事態法案を国会に提出した。これは、政府与党、防衛庁が長年にわたって実現を求めてきた「日本有事」における法制の整備をはかるものであった。しかし、同法案の本質的な意味は、「武力攻撃」の定義に「武力攻撃予測事態」という類型が組み込まれたところにあり、これによって集団的自衛権の問題と密接な関係をもつこととなった。「武力攻撃予測事態」とは、「武力攻撃には至っていないが、事態が緊迫し、武力攻撃が予測されるに至った事態」と定義される。つまり、武力攻撃はおろか「明白な危険が切迫している」段階よりもさらにそれ以前の段階において、しかも地理的には、日本の領域外で発生するであろう事態を想定するものであった。

このように「日本有事」から離れた「武力攻撃予測事態」が組み込まれた狙いは、政府答弁に明らかなように、この法案を周辺事態法と「併存」させるところにあった。「武力攻撃予測事態」が認定されると、首相は「戦争権限」を掌握し自衛隊に出動を命じることができるのであるが、注目されるべきは、地方公共団体や民間との関係である。周辺事態法では、これら団体や民間に対して「必要な措置の実施を求めることができる」と任意規定になっていたところが、今回の法案では、「責務を有する」と義務規定になっている。つまり、「武力攻撃予測事態」が認定されると、周辺事態法と「連動」することによって、実質的に「周辺事態」において活動する米軍を後方地域で支援するために、自衛隊ばかりではなく「官と民」も動員される体制が構築される、ということなのである。

イラク特措法

アフガニスタンでの「戦後処理」がなお充分には進んでいない段階で、ブッシュ政権は二〇〇三年三月からイラクに対する戦争に踏み込んだ。小泉政権は直ちに戦争への支持を表明したばかりではなく、米軍による「イラク占領」が開始されると、六月中旬には、自衛隊をイラクに派遣するためのイラク特別措置法案を国会に提出した。法案の大筋は二〇〇一年のテロ特措法と同じであったが、後者においては自衛隊の活動領域は「公海及びその上空」とされ、「外国の領域」で行動するには「当該外国の同意」が前提とされていたのに対し、地上部隊の派遣が最大の任務とされるイラク特措法では、実質的に現地米軍当局の「同意」さえあれば外国領域（イラク）に足を踏み込むことが許されることとなった（前田哲男・飯島滋明編『国会審議から防衛論を読み解く』）。もっとも同法案では、イラクにおいて自衛隊が活動できる領域は、「戦闘地域」ではない「非戦闘地域」に限定される、とされた。政府側の答弁によれば「戦闘」とは、「国またはそれに準ずる者による組織的、計画的、継続的な攻撃」が行なわれる国際紛争であって、当該地域に散発的で非計画的な攻撃がなされても「戦闘地域」とは認めがたく、自衛隊が撤収をはかる必要はない、ということであった。

自衛隊派遣

イラク特措法案は七月末には成立し、翌〇四年一月から自衛隊が「非戦闘地域」とされるサマワに派遣された。こうして、現に「戦闘」が展開されているイラクに、しかも時に陣地内や周辺に迫撃砲弾が打ち込まれる地域で、現憲法のもとにおいて陸上自衛隊が活動するに至ったのである。とはいえ、イラク特措法はあくまで「復興支援」の活動が目的であって「武力行使と一体とならない措置」が前提とされており、なお集団的自衛権の「中核」には踏み込めていないのである。だからこそ、大幅な解釈変更や憲法改正が要請されることになるのである。その際に、サマワにおける自衛隊の活動のあり方を〝口実〟として、集団的自衛権の必要性を説く議論がよく見られる。

つまり、サマワで自衛隊を守っている外国軍（英豪軍）が攻撃された時に、集団的自衛権を行使できないがために自衛隊は事態を〝傍観〟しているといったことが果たして許されるのか、という議論である。しかし、ここには大きな〝落とし穴〟がある。なぜなら、イラク特措法案の提出にあたっては、「非戦闘地域」に派遣される自衛隊が外国軍に守られるであろうといった事態については、具体的な説明も議論も全くなされなかったからである。仮に継続的かつ長期的に外国軍によって防衛されねばならないような地域であれば、直ちに自衛隊を撤収させるのが同法の基本的な趣旨のはずであった。現地における〝既成事実〟を背景に、根拠法を〝飛び越えた〟ところで議論が展開されることの重大な危険性が、改めて指摘されねばならない。

4 「国家戦略の一体化」にむけて

ところでイラク戦争は、世界的な「海外駐留米軍の再編」と密接に関係している。この米軍再編は公式には、二〇〇三年一一月の「海外軍事態勢の見直し」に関するブッシュ大統領の声明から開始されたが、実質的には、「九・一一事件」直後の二〇〇一年九月末に同政権によって作成された「四年毎の国防政策見直し」において打ち出されたものであった。日本との関係では、キャンプ座間(神奈川県)に、グローバルに展開する米陸軍機動部隊の第一軍団司令部が移転してくるのに加えて陸自中央即応集団司令部も移転併置されるとか、横田基地(東京都)の在日米空軍司令部に航空自衛隊の総隊司令部が併置されるといった「軍事的一体化」が進められようとしている。しかしその前提として、安保条約を軸

「共通の戦略目標」

とした日米関係において歴史を画する重大性をもつと言うべきは、国家戦略それ自体の「一体化」である。

二〇〇五年二月一九日に日米両国の防衛・外交責任者によって発せられた共同声明では、「共通の戦略目標を追求するために緊密に協力する必要性」が確認され、地域において一二項目、世界において六項目の「共通戦略目標」が掲げられた。これをうけて同年一〇月二九日にまとめあげられ、実質的には日米戦略協議の最終報告の意味をもった「中間報告」(「日米同盟――未来のための転換と再編」)では、「地域及び世界における共通の戦略目標の達成」にむけて、「部隊戦術レベルから国家戦略レベルに至るまで情報共有及び情報協力をあらゆる範囲で向上させる」ことが謳われた。安保条約は、日米両国の基本的な信頼関係にたった世界でも最も緊密な同盟関係の一つと喧伝されてきたが、そうであっても、これまで戦略目標の「共通性」や「一体化」が協議され具体化されることはなかった。それでは日本側は、こうした歴史的な日米協議に際して、独自の国家戦略目標をもって臨んだのであろうか。

日本政府の危惧

米軍再編協議は実質的には、二〇〇四年に入って本格化していった。しかし、日本の基地機能の大幅な拡大と自衛隊の軍事的役割の飛躍的な増大を求める米側に対し、四月になって当時の福田官房長官が、「米国の意向に沿って自衛隊をイラクに派遣し、ミサイル防衛システムの導入も決めた。もう十分じゃないか。米国はそんなに同盟国を困らせたいのか」と、協議の加速に難色を示したと言われる。政府の中枢からもこうした深刻な疑義が出された背景には、歴代政府が建前であっても国民に説明してきた安保条約の基本的な枠組みと、グローバルな役割分担を求める米側の要求との根本的な矛盾があった。

現に、同年夏に細田官房長官（福田は五月に官邸を去った）、川口外相、石破防衛庁長官の三者がまとめたとされる米側への「申し入れ書」では、「新たな陸軍司令部の任務は「極東条項」の目的と整合性がとれるのか判然とせず、司令部の管轄区域の大幅な拡大で米国の世界戦略に巻き込まれるとの批判がある」といった問題点が挙げられたうえで、米軍再編案が「国民に受け入れられるかどうか考慮した場合、日本政府が一連の案を受け入れない結論に至る可能性が十分にあり得る」と述べられていた、という（久江雅彦『米軍再編』）。米国からすれば、「極東条項」は、占領期以来の基地自由使用の特権を維持するための〝便法〟であって地理的制限は無きに等しいものであったが、日本側にあっては、「安保再定義」や周辺事態法を経ても、六〇年「安保国会」において政府の統一解釈として打ち出した「フィリッピン以北並びに日本及びその周辺の地域」という〝地域的な縛り〟を無視することはできないのである。

アーミテージと荒木レポート

このように、二〇〇四年夏前後に「深い落とし穴」にはまりこんだ日米協議を再び軌道にのせたのが、「日米同盟の守護神」とされる当時の国務副長官アーミテージであった。彼は将来を見据えた「日米同盟の理念」の再確認から始めることを主張して、協議の「再スタート」を主導した(『日本経済新聞』二〇〇七年一月二六日)。日本側でも、同年一二月には新たな防衛計画の大綱が閣議決定されたが、そこでは、北朝鮮ばかりではなく中国をも脅威として明示しつつ、「新たな安全保障環境とその下における戦略目標に関する日米の認識の共通性」を高めていく必要性が強調された。

この新防衛大綱の策定から二カ月を経た二〇〇五年二月に、先に見た日米の共同声明に至るのである。このプロセスにおいて注目すべきは、防衛大綱の見直しにあたって設置された小泉首相の私的諮問機関「安全保障と防衛力に関する懇談会」(座長・荒木浩)が、二〇〇四年一〇月にまとめた報告書(「荒木レポート」)である。この報告書を全体として貫く論理は、「米国の世界戦略の変革の中で、積極的に日米の戦略的な対話を深めることによって、両国の役割分担を明確にしつつ、より効果的な日米協力の枠組みを形成すべきである」という一節に象徴されている。

細川首相の私的諮問機関が一九九四年八月に提出した報告書との相違は歴然たるものであり、ほぼ〝無条件〟と言ってもよいほどに、米国の世界戦略への「一体化」が志向されている。しかも驚くべきことに、この報告書では、米国の戦略展開を左右するばかりではなく、今後の国際政治の動向に決定的な影響を及ぼすであろうイラク戦争に関する評価が、何一つなされていないのである。そもそも世界的な米軍再編は、「ハイテク兵器体系」を駆使した「軍事革命」

を信奉するラムズフェルド前国防長官が主導したものであって、イラク戦争はその「具体化」であり「実験場」でもあった。このイラク戦争を評価し総括することなしに、なぜ米国の世界戦略との「一体化」を志向し米軍再編を語ることができるのであろうか。

戦略なき戦略協議

以上に明らかなように、米軍再編をめぐる日米の戦略協議は、日本が独自の戦略構想や国際情勢に関する独自の分析をもって協議に臨んだ訳ではなく、結局のところは、米国側の強い要求に抗しきれずに対応を余儀なくされた、ということが本質であろう。こうして、日本政府の少なからぬ関係者たちも「米国の世界戦略に巻き込まれる」と危惧したような、日米軍事関係の〝再編成〟が進行しつつある。そして、その結節点に、他ならぬ集団的自衛権の課題が存在しているのである。

奇しくも、日米戦略協議が困難な局面を迎えていた二〇〇四年七月二一日、アーミテージは訪米した自民党の中川秀直国会対策委員長(当時)などに対し、「憲法九条は日米同盟関係の妨げの一つになっている」と改めて言明した。しかしこの発言は、彼にとって困難な事態への苦言というよりも、ある種の〝感慨〟を伴ったものであったろう。なぜなら、安保再定義以来およそ八年、「アーミテージ報告」以来およそ四年を経て、遂に彼が求めてきた集団的自衛権の課題が、「国家戦略の一体化」を通して実現をみる一歩手前まで到達したからである。

第四章　「自立幻想」と日本の防衛

1　ブレア外交の「総括」

対等な関係に？

日本が集団的自衛権を行使するという課題は、米国にとっては、日本を名実ともにその軍事戦略の枠内に組み入れるための不可欠の課題として、一九五〇年代以来、より具体的には過去一〇年以上にわたって求め続けてきたものであった。ところが奇妙なことに、米国によるこうした戦略的要請を、日本の側で、「対等性」とか「双務性」といった文脈で位置づける議論がしばしば見られるのである。

例えば安倍晋三は、そのブレーンである元駐タイ大使の岡崎久彦との対談で、祖父の岸信介が、「一方的な条約」であった旧安保条約を改定し「双務性」を高めるために、当時の政治状況のなかで「ぎりぎりの努力」を行ない「祖父の世代の責任を果たした」と高く評価したうえで、次のように述べている。いわく、「われわれには新たな責任というのがあるわけです。新たな責任というのは、この日米安保条約を堂々たる双務性にしていくということです」「双務性を高めるということは、具体的には集団的自衛権の行使だと思いますね」と(安倍晋三・岡崎久彦『この国を守る決意』)。それでは、集団的自衛権を行使することが、なぜ「双務性」につながるのであろうか。それは、「集団的自衛権を行使できるなら、日米は圧倒的に対等になります。日米が対等になれば、アメリカに対してもっと主張できるようになる」からなのである(『論座』二〇〇四年二月号)。

それでは、果たしてこうした構図が成り立ち得るものなのか否かを、安倍が〃モデル〃とする英米関係で検証してみよう。なぜなら、櫻井よしことの対談で安倍は、「同文同族同盟」と言われる英米関係の場合は「つねに肩を並べる関係になる」のに対し、「日本の場合、現状では集団的自衛権が行使できず、肩を並べて行動することはできません」と述べて、英国のように米国と「肩を並べる関係」の構築を目標としていることを明確にさせているからである(『安倍晋三対論集』)。

ブレアのイラク戦争

英米関係の「対等性」「双務性」を検証する格好の例は、イラク戦争であろう。英国のブレア首相は二〇〇三年の一月から三月にかけて、大量破壊兵器をめぐるイラクの査察問題をめぐり、武力行使に踏み切るには二〇〇二年一一月の安保理決議一四四一では不十分と考え、ブッシュ政権を説得して「第二決議」の成立をめざしたが、第一章で見たように、結局この試みは失敗に終わった。しかし、ブレアにとってこの〃挫折〃以上に重大な打撃が、他ならぬ米国からもたらされた。三月一一日、米国のラムズフェルド国防長官が記者会見において、「イギリス抜きで行動するという展望についても現在、前向きに検討が行なわれている」と言明したのである。前年秋から英米共同軍事作戦の計画が作成されていたのであったが、この発言は英軍の存在価値を全面否定し、ブレア首相の面目を地に落とすものであり、英国のメディアは「アメリカにも見捨てられるブレア政権」と書きたてた（山本浩『決断の代償・ブレアのイラク戦争』）。このエピソードは、史上最大の軍事力を誇る米国にとって、同盟国の「軍事貢献」がどれほどの意味をもつものかを鮮明に示していると言えよう。

これほどの〝屈辱〟を与えられながらも、ブレア政権はイラク戦争の開戦とともに米軍につぐ部隊を送りこんで参戦した訳であったが、そこには、「イラクは生物化学兵器を四五分以内で使用可能」といった情報への〝確信〟に加えて、「軍事貢献」することを通して、ブッシュ政権に対する発言権を確保しようとする思惑があった。それでは、こうした試みは成果を挙げたのであろうか。

「対等な発言力」という幻想

二〇〇六年一二月、英国の王立国際問題研究所の所長バルマー＝トーマスは、一九九七年以来のブレア政権の外交政策を総括する論文を発表した。そこにおいて同所長は、国際刑事裁判所、京都議定書、コソボ介入、EU統合問題を始め、多くの諸課題をめぐるブレア外交の功罪を検討したうえで、二〇〇二年の半ばにブッシュ政権のイラク侵攻計画に「パートナー」として加わる決断をしたことが、「ブレアの外交政策、彼の首相としての全経歴を画する転換点であった」と指摘する。この決断をめぐっては、

「米国の政策を、英国の国益に有利な方向に変更させるうえでの影響力をもたらすであろう」と、その企図を評価する声もあったが、結果としてイラクへの参戦は何をもたらしたのであろうか。

バルマー＝トーマスは結論として、「根本的な誤りは、英国が払った軍事、政治、財政的な犠牲にもかかわらず、ブッシュ政権に対していかなる重要な意味においても影響力を行使できなかったことである」と断じた。つまり、欧米の関係改善でも、中東和平問題でも、イラク戦争の展開それ自体についても何ら影響力を発揮できなかった、というのである(Victor Bulmer-Thomas, "Blair's Foreign Policy and its Possible Successor (s)", Chatham House, December 2006)。いみじくもラムズフェルドが指摘したように、「イギリス抜き」でも戦争を遂行できるとの確信にたっていたブッシュ政権の路線を、「軍事貢献」によって修正させるといったことは、そもそも無理な相談であった。

先に見たように安倍首相は、日本が集団的自衛権を行使できるようになれば、米国に対して発言権を確保でき、日米関係は「圧倒的に対等」になるとの〝期待〟を抱いているようである。しかし、ブレア外交の顛末を見るとき、それが〝幻想〟以外の何ものでもないことは明らかであろう。イラク戦争における英軍の死者は一五〇人を数えた。日本が「軍事貢献」によってブッシュ政権に発言権を確保するためには、この何倍の戦死者が必要なのであろうか。

2 「主体的判断」をめぐって

ところで安倍は、集団的自衛権を行使することによって、日本が米国の戦争に巻き込まれるのではないか、という世論の危惧を念頭におきつつ、次のような立場を強調する。「日本人はよく早とちりをするのですが、「できるようにする」ことと「やる」ことの間には大きな差があるんです。集団的自衛権を行使するかしないかは、政策的判断です」と(『論座』二〇〇四年二月号)。つまり、政府の解釈変更や改憲によって日本が集団的自衛権を行使できるようになったとしても、それを行使するか否かは米国の思惑ではなく、あくまで日本の主体的な判断に基づいたものである、ということなのである。

日本の主体的判断?

しかし現実の日米関係は、日本に「主体的判断」を許すような状況にあるのであろうか。安倍の主張は、日本が集団的自衛権の行使に踏み切ることへの米国側の〝期待〟の大きさを過小評価しているのではなかろうか。一例として、米国を代表する保守系誌の一つである『ナショナル・レビュー』誌の編集長リチャード・ロウリーの主張を見てみよう。

「米国にイエスと言う日本」

彼は二〇〇五年七月、「太陽が昇るとき」と題する論文においてまず、「日本を、ヨーロッパにおける英国のように、アジアにおいて米国が信頼できるパートナーにする」ことが米国の「目標」であるが、そこに立ちはだかる「主要な障害」が憲法九条であると、安倍とほぼ同様の主張を展開する。とはいえ彼は、かつて「ノーと言える日本」が議論されたが、今や「小泉が米国に対してイエスと言う日本をつくりあげてきた」と当時の小泉首相を絶賛し、「数年以内」に憲法が改正されるであろうと楽観的である。憲法九条は、日本が正式の軍隊をもち、武器輸出を行ない、なによりも集団的自衛権を行使することを禁止してきたが、憲法が改正されるならば、インド洋であれイラクであれアフガニスタンであれ軍隊を展開でき、あるいは北朝鮮に爆撃を加えて中国を牽制することもできると、ロウリーは大いなる〝期待〟を膨らませるのである。

ロウリーの議論できわめて興味深いのは、日本が軍事的な活動領域を飛躍的に高めると、周辺諸国において、「日本軍国主義の亡霊」の復活に対する危惧が増大するであろうことを読み込んでいる点である。そのために彼は、日本が核兵器や弾道ミサイルなど「攻撃的兵器」にアクセスすることを許さず、さらに「同盟における目上のパートナーとして米国は、日本の意図について周辺地域を安心させる役割を果たすべきである」と述べている。要するに、彼が求める改憲が実現された日本とは、「米国がアジアで必要とするような同盟国」になる、ということなのである。つまり彼にとって「太陽」とは、〝目下の日本〟を意味しているのである（Richard Lowry, "Time for the Sun to Rise", *National Review*, July 4, 2005）。

きわめて露骨な表現ながら、ロウリーの論文は、米国側の〝本音〟を率直に表明したものであろう。安倍が憲法改正や集団的自衛権の行使を「対等性」とか「双務性」といったタームで位置づけているのに対し、米国は「目上のパートナー」として日本をそのコントロール下におきつつ、その「軍事貢献」を最大限に活用しようとしているのである。このような米国側の〝期待〟を前にして、日本が「主体的判断」を行使できる余地は、どこに見出せるのであろうか。

翻ってみれば、先に見た二〇〇〇年一〇月の「アーミテージ報告」も、より柔らかい表現ながら、ロウリーと同じ立場を主張していた。同報告も、「米国と英国の特別な関係を日米同盟のモデルとみなしている」と述べ、日本に対し憲法改正と集団的自衛権の行使を公然と求めた訳であったが、実はその際に、「米国が傲慢さのない卓越性という意味での指導力」を日本に対して行使することの必要性が強調されていたのである。

ショウ・ザ・フラッグ

もっとも、ロウリーとは違い、現実の政治家であるアーミテージの日本に対する「指導力」は絶大なものである。例えば、「九・一一事件」から四日後の二〇〇一年九月一五日、当時国務副長官であったアーミテージが柳井俊二駐米大使との会見に際して用いたとされる「ショウ・ザ・フラッグ」という言葉が、自衛隊の派遣を促す「米国の圧力」を意味するものとしてその後独り歩きを始め、年末の「流行語大賞」のトップに選ばれさえした。実際にこの言葉を使ったのは国防総省の一官僚であったとのことであるが、「アーミテージの言葉」として日本の政策決定過程に重大な影響を及ぼしたのである（前掲『自衛隊』）。

同じような事態は、イラク戦争をめぐっても生じた。戦争が開始される五カ月前の二〇〇二年一〇月二三日、日米の安保審議官級会合において当時のローレス国防総省次官補代理が、開戦にあたって日本が有志連合に加わることを求めて「ブーツ・オン・ザ・グラウンド」という言葉を使った。これは、米軍人たちの間で「地上部隊の派遣」を意味する言葉であるが、翌年六月にイラク特措法案が上程される前後から、日本国内において大々的に報じられることになった。

以上の事態が浮き彫りにしたものは、「ショウ・ザ・フラッグ」であれ「ブーツ・オン・ザ・グラウンド」であれ、これらの言葉が「米国の意向」を象徴するキーワードとして日本の政界を駆け巡り、政策決定過程を左右するような影響力を及ぼす、そうした日米関係の構造そのものなのである。考えてみれば、このような構造は、「イエスもあればノーもある」という建前の事前協議制が具体的には一度も発動されなかったこととか、「周辺事態」における米国からの要請に対して「日米同盟関係の本旨」に照らして無条件に協力することを公言した小渕発言などを改めて指摘するまでもなく、一九六〇年代以降の日米関係を深く規定してきたものである。

改めて今日の状況を見るならば、今や米軍再編において、「国家戦略」のレベルまで「日米一体化」が進められようとしている。さらに、国際的にはもちろん米国内においても「愚かな誤った戦争」との評価が定まりつつあるイラク戦争について、日本は開戦時の「支持」の立場を、日米関係に配慮していささかも修正することができない。こうした「現実」において、安倍が主張するように、仮に日本が、米国から集団的自衛権の行使を求められる際に「主体的判断」をくだして「ノー」と言えば、いかなる事態が生ずるであろうか。それは言うまでもなく、米国側からすれば、日本の〝裏切り行為〟そのものであろう。そもそも集団的自衛権の行使にあたって「主体的判断」を主張するというのであれば、こうした事態を覚悟しておかねばならないはずなのである。

アーミテージの「勧告」

ちなみに、二〇〇七年二月にまとめられた「第二のアーミテージ報告」では、憲法が「日米同盟協力への制約」になっていることを改めて指摘したうえで、情勢が必要とするときには直ちに自衛隊を派遣できるような柔軟性をもった、「成熟したパートナー」になることを日本に求めている。その上で、集団的自衛権に関する新たな決定を待つことなく「より高いレベルの作戦統合」に向かうべきと、解釈改憲による事実上の〝見切り発車〟さえ「勧告」しているのである(Richard L. Armitage, Joseph S. Nye, *The U. S. -Japan Alliance*, Center for Strategic and International Studies, February 2007)。

ところで、この「第二のアーミテージ報告」は、日本ではメディアや政界において大々的に取り上げられたが、米国ではほとんど報じられることもなく、いかなる関心もよばなかった。むしろアーミテージ本人は、全く別のスキャンダラスな問題で〃渦中の人〃となっている。それは、二〇〇三年七月、ブッシュ政権が大量破壊兵器疑惑をでっち上げてイラク戦争を始めたと批判した元駐ガボン米大使の問題をめぐり、その妻がCIA工作員であるという身元情報をメディアに提供した張本人、としてである。

戦争批判を抑えるためには国家の「重大機密」も漏洩するという、こういう政治家を「日米同盟の守護神」とみなし、集団的自衛権の問題をはじめ内外政策全般にわたって「勧告」をうける日本とは、いかなる国家なのであろうか。

3 安保条約の「片務性」という問題

ただ乗りの劣等感

安倍が集団的自衛権の行使を強く主張する背景には、安保条約に関する次のような認識が重要な位置を占めているようである。いわく、「いうまでもなく、軍事同盟というのは〃血の同盟〃です。日本がもし外敵から攻撃を受ければ、アメリカの若者が血を流します。しかし今の憲法解釈のもとでは、日本の自衛隊は、少なくともアメリカが攻撃されたときに血を流すことはないわけです。実際にそういう事態になる可能性は極めて小さいのですが。しかし完全なイコールパートナーと言えるでしょうか」と(『この国を守る決意』)。

空前の軍事力を誇る米国と「完全なイコールパートナー」の関係を結べる国が世界のどこに存在するのかという問題は別として、米国は日本を守るために「血を流す」のに対し、日本は米国のために「血を流す」体制になっていない安保条約は、いわば日本の「ただ乗り」であり「片務性」によって規定された条約に他ならない、という認識なのである。つまり安倍は、文字通り〝劣等感〟に苛まれている訳なのである。しかし実は、軍事問題の専門家たちは、安倍とは全く異なった認識にたっているのである。例えば、軍事評論家の江畑謙介は、二〇〇五年に著した『米軍再編』において、次のように今日の安保条約を評価している。

日本防衛の役割なし

江畑は、米本土に始まり、ヨーロッパ、バルカン、中東、アフリカ、中央アジア、南アジア、朝鮮半島、中南米など世界各地域の米軍再編の実情を詳細に検討したうえで、日本をめぐる米軍再編の動向を分析した結論として、「日本はイギリスと並んで、米軍の全世界的展開を支える最も重要な戦略拠点と位置づけられる」「(それは)価値観が近く、政治的に安定し、高度の技術と経済力を持ち、既に相当な規模で米軍基地のインフラが存在するという条件を有しているからに他ならない。すなわち米国は日本を、米軍の世界展開における、太平洋を越えた最重要前進拠点の一つと位置付けている」と指摘する。従って、三沢、横田、横須賀、相模、横浜、岩国、佐世保、そして沖縄などの主要な米軍基地施設の「重要性は増大する」、との判断にたっている。

それでは、在日米軍と日本防衛はいかなる関係にあるのであろうか。江畑は、「在日米軍部隊の方は、冷戦時代の日本防衛という役割はほとんどなくなった」と断言する。他方で彼は、北朝鮮、中国、ロシアの軍事動向を分析したうえで、「近い将来に、例えば五年以内に、日本の安全保障を大きく脅かすような具体的な脅威が登場する可能性はない」「日本は少なくとも一〇年程度は、米国の軍事力がなければ日本の国家安全保障が確保できないという条件にはない」と言い切っている。

とすると、以上の分析から導きだされる日米関係の構図とはどのようなものであろうか。江畑は、「米国は日本を必要としているのに、日本はそれほど差し迫った形で米国の軍事力の助けを必要としていない」「今の日本は、太平洋戦争後初めてと言える、米国と対等の立場に立てる安全保障・戦略環境にある」と結論づけている。つまり、〝劣等感〟を抱くどころか、米国に対する「対等の立場」が強調されているのである。

米軍基地を防衛する自衛隊

それでは、こうした江畑のような認識は、彼に限られたものなのであろうか。

例えば、軍事アナリストの小川和久は、二〇〇五年の著作『日本の戦争力』において、次のような分析を展開している。彼はまず在日米軍基地の実態について、神奈川県鶴見や佐世保などの燃料備蓄量をあげて、日本が「ペンタゴン(国防総省)最大のオイルターミナル」であること、佐世保の弾薬庫が「地球の半分をエリアに米海軍が置く最大の陸上弾薬庫」であること、あるいは嘉手納の弾薬庫を管理する米空軍中隊が「米軍で最大の弾薬整備中隊」であること、そして「世界最大最強の艦隊である米第七艦隊は、ほかならぬ日本がその全存在を支えている」ことなどを明らかにする。

その上で在日米軍と自衛隊との関係について、「日本に展開するアメリカの空軍、海軍、海兵隊の航空機(戦闘機や攻撃機)のうち防空任務についているものは一機もありません」「在日米軍基地をテロやゲリラの攻撃から守るのは陸上自衛隊です」と指摘し、さらに海上自衛隊は日本のシーレーンを防衛しているだけではなく、「補給物資を運び込む米軍のシーレーンをも守っている」ことを強調するのである。

つまり、小川の分析に従えば、在日米軍とその基地は、日本の防衛のためにあるのではなく、世界の半分をカバーする米軍の戦略展開のための最大拠点であり、むしろ自衛隊が米軍基地の防衛にあたっているのである。あえて安倍のレトリックを使うならば、米国の若者は日本を守るために「血を流す」のではなく、逆に日本の若者が在日米軍を防衛するために「血を流す」構造になっているのが安保条約の現実に他ならない、という訳である。

以上に見たように、在日米軍と日本防衛に関する江畑や小川の認識は、米国に対する〝劣等感〟に苛まれているであろう安倍の認識とは、文字通り対極に位置しているのである。こうした〝劣等感〟の由来は、おそらくは安倍が、祖父の岸信介が首相であった古い冷戦時代の日米関係のイメージを、そのまま引きずっているところにあるのであろう。

4　「核の傘」とミサイル防衛

ミサイル防衛と集団的自衛権

以上に見たように、通常兵器による侵攻やテロ攻撃に関しては、日本の防衛は在日米軍に依ることなく、基本的に自衛隊によって対処できる訳であるが、問題は弾道ミサイルによる攻撃である。ここでいう弾道ミサイルとは、ロケット推進システムで「大気圏外を弾道飛翔するミサイル」のことであるが、この攻撃に対しては、「核の傘」かミサイル防衛といった米国主導のシステムに依存せざるを得ない、と言われる。

しかもミサイル防衛の問題は、実は集団的自衛権の問題と密接な関係をもっている。例えば安倍は、首相就任当時に週刊誌のインタビューに答えて、「日本がミサイル防衛を行なう時に、日本本土に落ちるものについては撃ち落せるけれども、米本土に向かうものは撃ち落せない。……しかし、論理で、理屈でそれを本当に米国に通告するんですか、ということですね」と述べた(『世界週報』二〇〇六年一〇月三日号)。ここで言う「論理」「理屈」とは、日本が集団的自衛権を行使できないということである。安倍が「研究」の必要があると主張するのは、「敵」が米本土に向けて発射した弾道ミサイルを、日本の上空で日本のミサイル防衛によって迎撃できるように、集団的自衛権に関する従来の解釈を変更するか、あるいは改憲をするべきではないか、ということなのである。

さらに民主党の前代表前原誠司も、「アメリカに届くミサイルが発射された場合、日本が直後のブースト段階、もしくはミッドコースト段階でこれを撃ち落す。地理的には日本が担える役割はかなり大きく、アメリカも日本との同盟を捨てきれなくなるでしょう」と述べ、集団的自衛権を認める場合の最優先課題として、「ミサイル防衛での協力」をあげているのである(『フォーサイト』二〇〇三年八月号)。

ところで、北朝鮮による初の核実験から二日後の二〇〇六年一〇月一一日、ブッシュ大統領は記者会見において、日本を念頭に「ミサイル防衛協力を強化する」と強調した。これを受けて安倍首相も、翌一二日の参議院予算委員会において、「ミサイル防衛網整備を促進すべく努力したい」と決意を語った。一方で、それから六日後の一〇月一八日、来日したライス国務長官は“full range”(あらゆる形で)という言葉を二度も繰り返して、日本に対する「核の傘」による安全保障の約束を果たすことを強調した。ここには、日本の核武装論への牽制の狙いがあったとも言われる。このように米国は日本に対して、ミサイル防衛の促進と「核の傘」の堅持という二つの防衛システムを提示している訳であるが、実はこれら両者は、その論理において根本的に矛盾しているのである。しかも、その矛盾を引き起こしているところに、問題の本質が存在しているのである。

「核の傘」の論理

以下、議論を分かり易くするために図式的に整理していこう。まず、「核の傘」とは「拡大抑止」を表現した言葉である。「抑止」とは英語の deterrence の訳語であって、直訳すると「脅して止めさせること」を意味している。つまり「核抑止」とは、仮に相手が核攻撃を加えてくれば強力な破壊力をもつ第二撃によって相手社会を壊滅させるという「脅し」によって第一撃を撃たせない、という論理にたっている。一般にこうした「核抑止」は「懲罰的抑止」と呼ばれる。つまり、懲罰的な報復核攻撃(第二撃)の「脅し」によって相手の第一撃を抑え込む、ということである。

この「核抑止」を他国、例えば日本にまで「拡大」したものが「拡大抑止」、つまり「核の傘」である。具体的には、仮に北朝鮮が東京に核攻撃を加えてくるならば米国は平壌を壊滅させる報復核攻撃を加えるという「脅し」によって、北朝鮮による第一撃を撃たせない、という防衛の論理である。

冷戦時代は、米ソ双方が壊滅的な第二撃の「脅し」を「理性」をもって認識することで「相互核抑止」が成立し、この「核の均衡」によって全面核戦争が起こらず「長い平和」が維持された、と言われる。もっとも、「核の均衡」と「長い平和」の関係を立証することは困難である。実際、こうした「抑止」効果を疑い、ソ連が現実に核攻撃を加えてくる場合を想定し、宇宙空間で迎撃兵器を発射して撃ち落すという、今日のミサイル防衛の前身とも言える戦略防衛構想(SDI)が、レーガン政権の時代に具体的に展開されようとした。しかし、技術面と財政上の困難に直面して挫折した。ところが、冷戦の終焉にあわせるかのように勃発した一九九一年の湾岸戦争でイラクが弾道ミサイルをイスラエルなどに発射したことを契機に、クリントン政権の時代から弾道ミサイルに対する防衛政策が重要課題として位置づけられた。とりわけブッシュ政権になってからは、ラムズフェルド前国防長官が主導して本格的に展開されることになった。

ミサイル防衛の論理

ミサイル防衛については、米国を中心にすでに膨大な研究や議論があるが、日本において積極的に推進する立場にたつ専門家たちがまとめた包括的な研究によれば、ミサイル防衛は次のような論理にたっている。それは「拒否的抑止」と呼ばれ、相手が撃ってきた弾道ミサイルを迎撃する防衛能力を保持することで、「相手の目標達成を阻止し、相手にそうした攻撃が無益であると認識させてその実施を思いとどまらせる」というものである(金田秀昭他『日本のミサイル防衛』)。先に見たように、冷戦時代に支配的であった

「懲罰的抑止」は、壊滅的な報復攻撃の「脅し」によって相手に撃たせないという論理にたつものであったのに対し、「拒否的抑止」では、相手が撃ってくる場合にそれを飛翔段階で迎撃することを前提として論理が組み立てられている。

それでは、なぜ報復攻撃も恐れずに相手は弾道ミサイルを撃ってくるのであろうか。それは、「ならず者国家」と呼ばれるような国々が「理性的または合理的ではない」とされるからである。つまり、核攻撃の「脅し」を「理性」によって認識できず、「懲罰的抑止」も機能しないような相手が登場してきたから、という訳なのである。

矛盾した論理

このようにミサイル防衛の論理は、「核抑止」が機能しない、あるいは失敗するであろうことを前提に組み立てられているのである。とすれば、ブッシュ政権が日本に対して、「核の傘」の堅持とミサイル防衛の推進を同時に唱えることは、その論理において根本的に矛盾をきたしていることは明らかであろう。「核の傘」を強調すればするほどミサイル防衛の必要性は減じ、ミサイル防衛の重要性を強調すればするほど「核の傘」の信頼性は減じていく、ということなのである。

もちろん、「核抑止」が失敗した場合の「補完」としてミサイル防衛が存在する、という議論も成り立つかも知れない。しかし、核攻撃によって自らが壊滅することも覚悟してミサイル攻撃をかけてくるような「理性」のない相手が、なぜミサイル防衛体制が整備されるまで攻撃を控えるのであろうか。日本では二〇一一年の「完成」予定を前倒しして防衛網の構築が急がれているが、「狂気」をもって攻撃をしかけようとする相手であれば当然のことながら、防衛体制の「完成」を待つことなくミサイルを撃ってくるであろうし、あるいはすでに撃ってきていたかも知れない。とすれば問題は、ミサイル防衛の有無とは関係のない領域にある、と言わざるを得ないであろう。

なお、一つの選択肢として、北朝鮮がミサイルを発射する前にその基地をたたくという先制攻撃が考えられる。しかし、一九九四年の核危機の際に、在韓米軍総司令官ゲーリー・ラックは、北朝鮮が報復として韓国側に仕掛けてくるであろう全面戦争を考えた場合、死者は百万人にも上り、うち米国人も八万から十万人が死亡するであろう、との恐るべき結末を予測した(オーバードーファー『二つのコリア』)。今日においても、北朝鮮は報復攻撃に打って出ないであろうといった根拠なき楽観論は論外として、この予測が大幅に下回る可能性は皆無である以上、先制攻撃は現実的な選択肢とはなり得ないであろう。

ミサイル防衛は有効か

そこで再び、現在進められているミサイル防衛について議論を先にすすめよう。問題は、ミサイル防衛体制が「完成」した場合に、果たして相手のミサイル攻撃を迎撃できるのか、ということである。今日の計画では、イージス艦搭載の迎撃ミサイルSM-3と、地上発射のPAC-3の組み合わせによる迎撃体制が整備されようとしている。

まず前者のＳＭ-３は、「ミッドコース段階」(大気圏外)での迎撃に備えたもので、前掲の『日本のミサイル防衛』によれば、迎撃可能高度は「二〇〇キロメートル以上」とされる。もっとも、先に見た軍事評論家の江畑によれば「一〇〇～一六〇キロ程度」であり、たしかに過去八回実施された発射実験での「成功例」において迎撃高度が明示されているデータによれば「一三七キロ」である。それでは、当面する最大の脅威と言われる北朝鮮のノドン・ミサイルの高度はどれくらいのものなのであろうか。防衛庁防衛局長(当時)の飯原一樹によれば、「最高高度で三〇〇キロぐらいに達する」とのことである(「参議院予算委員会」二〇〇五年三月一七日)。とすれば、飛翔段階にもよるが、ＳＭ-３はノドンに届かない恐れが大きいのである。しかもノドンの発射台は移動式であり、多数のミサイルが同時に発射されると、イージス艦で捕捉することは困難と言われている。

要するに、そもそもＳＭ-３によってノドンを迎撃できる可能性はきわめて低いのである。おそらくは、こうした事態が認識されているからこそ、ＰＡＣ-３の配備体制の構築が急がれているのであろう。それでは、ＰＡＣ-３によってノドンを迎撃できるのであろうか。

ＰＡＣ-３は、ミサイルが落下してくる「終端(ターミナル)段階」での迎撃に備えて配備されるが、実はその有効迎撃範囲は一五キロから二〇キロに過ぎない。ＰＡＣ-２は一五〇キロ以上の範囲を迎撃できると言われたが、「古い技術」でノドンに対応できないため、PAC‐3に切り替えられてきたのである。俗に、「当たらないPAC‐2、届かないPAC‐3」と揶揄される所以《ゆえん》である。とすれば、北朝鮮が本格的に日本にミサイル攻撃をかける場合には、当然のことながら、PAC‐3の迎撃範囲を外した地域を狙うことになるであろう。

最悪のシナリオを防げるのか

仮に、報復攻撃を無意味とし、自らが壊滅することを覚悟して、北朝鮮が保持するノドンのすべてをもって攻撃してくる場合を想定するならば、日本海沿いの原子力発電所が最大のターゲットとして狙われることになるであろう。

日本の原発は、震度八の地震にも耐えうる設計と言われるが、二〇〇六年度の資源エネルギー庁の「原子力広報ページ」によれば、「原子力発電所に対するミサイルなどの兵器による攻撃についての設計基準は設けられておりません」とのことである。さらに同年末の経済産業省の「有事における原子力施設防護対策懇談会報告書」によれば、「弾道ミサイルに有効に対処し得るシステムは未整備」と明記されている。つまり、完全な無防備状態なのであり、ノドンが直撃した場合の惨禍は想像を絶するものであろう。ところが実に奇妙なことに、すでに配備が完了したと言われる沖縄の嘉手納基地と埼玉県の入間基地を含め、PAC‐3の配備計画によれば、霞ヶ浦、習志野、武山など米軍や自衛隊の基地が対象であって、原発周辺への配備は全く計画されていないのである。

それでは、仮にPAC-3が迎撃に「成功」するとした場合、いかなる事態が生じるのであろうか。ここでは当然「最悪シナリオ」として、ノドンに核弾頭が搭載されていることを想定しておかねばならない。それがプルトニウム型の核爆弾の場合は、「爆縮方式」と呼ばれる複雑な起爆装置が使われているため、迎撃の衝撃で核爆発を起こす可能性は少ないと言われるが、プルトニウムが広範に飛散する事態となろう。またウラン型の場合は、「鉄砲方式」という単純な起爆装置のため、前者に比べてはるかに核爆発を引き起こしやすいし、それを免れてもウランによる汚染が広がることになる。

以上に検討してきたように、仮に、「理性」をもたず「核抑止」も機能しない北朝鮮が核搭載のノドンによって攻撃をかけてきた場合には、SM-3であれPAC-3であれ迎撃できる可能性はきわめて小さく、たとえ迎撃に「成功」したとしても、日本の国土で核爆発が起こるか、広範な核汚染にみまわれるのである。

なすべき防衛とは

とすれば、集団的自衛権の行使によって米国に向かう弾道ミサイルを日本の上空で迎撃すべき、という安倍のような主張をいかに理解すればよいのであろうか。そもそも米国に到達可能な長距離ミサイルの場合は、飛翔高度が七〇〇キロをはるかに越えるために、日本のミサイル防衛では撃ち落すことは不可能なのである。また仮にブースト(上昇)段階で迎撃できたとしても、右に見たように日本の国土は惨澹たる事態に直面するであろう。すでに江畑などの分析で見たように、日本は米国の世界戦略を支えるという十二分の「貢献」を果たしており、従ってそれを「カード」として「対等の立場で交渉できる条件」にある。にもかかわらず、ここまでの惨状をも覚悟して、米国にさらなる「貢献」を行なうという議論は、理解をこえていると言わざるを得ない。

仮に、北朝鮮によるミサイル攻撃を具体的な脅威と捉え、かつ真に国民の安全を考えるのであれば、米国に向かうミサイルを迎撃するためのシステム整備に膨大な税金を投じたり、集団的自衛権の解釈変更を求める前に、まずやるべきことは、日本海側の「原発銀座」をミサイル攻撃から防衛する体制を急ぎ構築することではないのであろうか。それこそが、「自主憲法」を制定しようとするにあたっての、最低限の「気概」なのではなかろうか。さもなければ、集団的自衛権の〝全面解禁〟を軸にすえた「自主憲法」も、結局のところは、今日の米国の国益を背景とした新たな「押しつけ憲法」という評価を受けることになるのではなかろうか。

とはいえ、米国側からの要請は厳しさを増しているようである。例えば、二〇〇六年一二月に来日したローレス国防副次官は、「ミサイルが米国に向かうことが明らかで、日本がそれを撃ち落とせるのに落とさないのはクレージーだ。そんなものは日米同盟ではない」と述べ、憲法解釈の変更を日本側に強く迫ったという(『共同通信』二〇〇六年一二月六日)。おそらくは、憲法九条に縛られてきた戦後日本のあり方それ自体を「クレージー」と認識しているのであろうこのローレスこそ、米軍再編を当初から主導してきた推進役に他ならないのである。かくして集団的自衛権の問題は、文字通り米国側からの〝脅迫〟という様相を呈してきている。

膨大な負担

問題は憲法改正だけではない。「第二のアーミテージ報告」では、日本がミサイル防衛に関する「特別予算」を増額することを「勧告」している。当面する計画を達成するだけでも、優に一兆円を突破すると言われる。PAC-3で「全土防衛」を行なうためには、約五〇〇カ所に配備が必要とされており、その総額はかつて試算された三〇兆円をはるかに越えるであろう。文字通り「国家財政破綻してPAC-3残る」という事態である。

そもそもアーミテージは、一九九七年にまとめた「日米同盟への提言」と題する研究報告において、「米国の納税者に一層の負担がかかる」ことを挙げて、戦域ミサイル防衛(TMD)構想への日本の参加を「勧告」して以来、日本がミサイル防衛を財政的に支えることは同盟国としての〝責務〟と位置づけてきた。たしかに、一九八〇年代以来、ミサイル防衛の開発のために軍需産業などに投ぜられた約九八〇億ドル(約一一兆円)の〝回収先〟として、日本ほど相応しい国はないであろう。

二〇〇三年一二月の閣議決定は、日本が本格的にこの〝責務〟を果たす方向に踏み切ったことを意味していた。つまり、「最近の各種試験等を通じて、技術的な実現可能性が高いことが確認され」たことを前提に、弾道ミサイル攻撃に対する「純粋に防衛的な、かつ、他に代替手段のない唯一の手段」としてミサイル防衛システムを位置づけ、小泉政権はその整備に乗りだしたのである。この閣議決定を受けて、二〇〇四年一二月の新防衛大綱では、ミサイル防衛が日本の防衛政策の根幹に据えられることになった。

しかし皮肉にも、この閣議決定から一年後の二〇〇四年一二月には、当時のラムズフェルド国防長官が相次ぐ実験の失敗を受けて、ミサイル防衛システムは「まだ試用の段階だ」と述べ、当面の「運用開始」の断念を表明したのであった。要するに小泉政権は、「技術的な実現可能性」も実証されず、「代替手段のない唯一の手段」であることも確認される以前にシステム整備に踏み出し、以来日本政府は膨大な予算を計上してきたのである。

先に見たように、新防衛大綱の策定にあたっては「荒木レポート」がまとめられ、ミサイル防衛の緊要性が繰り替えし強調されているが、「レポート」の冒頭において、太平洋戦争開戦の年に海軍大将井上成美が「大艦巨砲の建造を求める軍令部の膨大な予算要求」を鋭く批判したことを挙げている。しかし、以上に詳しく検討してきたように、ミサイル防衛こそ、「現代版の大艦巨砲」に他ならないのである。

5 「悪の枢軸」論の陥穽

ミサイル防衛の危険

かつて国際政治学者の永井陽之助は、レーガン政権の戦略防衛構想を「一種のユートピア的社会工学思想」に基づいたものと痛烈な批判を加えたが、今日のミサイル防衛の構想も同じ類と言えるであろう。ミサイル防衛の開発を合理化するためには、「核抑止」も機能しないという「最悪シナリオ」で脅威感を煽らねばならないが、膨大な税金を投入する以上は迎撃可能性も提示しなければならない。そこで、SF映画のような迎撃場面を誇示した「想像図」が喧伝される訳である。しかし、具体的に「最悪シナリオ」を突き詰めていくと、国民の安全を守るうえでは、滑稽なほどにリアリティを欠いた〝無用の長物〟と化してしまうのである。

さらに言えば、仮にミサイル防衛によって抑止が機能すると仮定しても、相手はそれを上回る兵器の開発にのりだし、際限なき軍拡競争がもたらされることになる。戦域ミサイル防衛の開発に熱意をもって取り組んだクリントン元大統領がそのメモアールにおいて下した〝結論〟は、「ミサイル防衛システムを配備すれば、世界をさらに大きな危険にさらすことになるであろう」というものであった(Bill Clinton, *My Life*, 2004)。

六〇年代の中国という脅威

それでは、北朝鮮の脅威にいかに対処すべきなのであろうか。問題のありかは、我々がかつて直面した、さらに重大な脅威の問題を再検討することで明らかになってくるであろう。それは、一九六〇年代の中国の脅威である。

中国は一九六四年に初の原爆実験を行ない、一九六六年に早くもアジア全域を射程内におく核ミサイルの実験を成功させ、翌年には水爆実験をも敢行した。さらに一九七〇年四月には「無通告」で初の人工衛星を打ち上げ、大陸間弾道弾の開発が時間の問題であることを世界に知らしめて衝撃を及ぼした。この中国が、当時は毛沢東による文化大革命の最中であり、日本は米国と並んで最も敵対的な国と位置づけられ、戦争をも辞さない「好戦的言辞」が繰り返し発せられた。しかも毛沢東は、「米帝国主義は張子の虎」と断じ、仮に核攻撃が行なわれても八億の中国人民は生き残るであろうと豪語した。つまり、現実は別として、少なくともレトリックにおいては、「核抑止」が全く機能しない「攻撃的な核保有国」が登場したのである。

ここに明らかなように、当時の日本が直面した中国の脅威は、今日の北朝鮮と比べるならば、軍事的にも政治的にも、およそ比較にならないほどに重大なものであった。それでは、なぜ当時の中国は、日本に核攻撃を加えてこなかったのであろうか。仮に米国の「核の傘」が機能していたからとすれば、今日の北朝鮮よりもはるかに大規模な殺戮が行なわれた「狂気」の文化大革命を指導した毛沢東にも「理性」があった、ということであろうか。いずれにせよ、中国の脅威という問題が具体的に「解決」を見たのは、言うまでもなく、一九七一年七月の衝撃的なニクソン声明による「米中和解」であった。つまり、中国を国際社会に組み入れるなかで、その脅威を取り除いていくという道が選択されたのであり、日本もそのあとを追ったのである。

とすれば、北朝鮮の金正日体制も戦後世界における最もおぞましい体制の一つに間違いはないが、毛沢東の中国の場合と同様の対応策が、現実的と言わざるを得ないであろう。

ブッシュの「悪の枢軸」論

翻って、二一世紀に入って国際情勢に混乱をもたらしている原因の一つは、ブッシュ政権による過度にイデオロギー的な世界戦略であろう。それを象徴するのが、二〇〇二年の年頭教書でブッシュ大統領が掲げた「悪の枢軸」論である。この「悪の枢軸」については、北朝鮮に加えてイラク、イランの三カ国であると広く認識されている。しかし、こうした定義づけは、ブッシュ発言の〝真意〟を正しく理解したものではない。

たしかにブッシュは演説において、北朝鮮、イラン、イラクを順次とりあげて大量破壊兵器の開発やテロとの関係、国内の抑圧体制などを批判したのであるが、それに続けて、「このような国々と、彼らのテロリストの同盟者(their terrorist allies)が、世界の平和を脅かそうと悪の枢軸を形成しているのである」と定義づけたのである。ここで言われる「テロリスト」とは、「九・一一事件」の首謀者とされるビンラディンが率いるアルカイダを指しているのであろう。とすれば「悪の枢軸」論は、北朝鮮、イラン、イラクと、アルカイダのようなテロ組織を、「同盟者」として同列に扱うところにその本質があると言えるのである。ここから、次の重大な二つの誤りが導き出されることになる。

テロ組織と国家の混同

その第一は、自爆テロを敢行するテロ組織と「主権国家」を、同じ行動原理をもった「主体」として混同することである。いかに抑圧的な独裁体制をしき、大量破壊兵器の取得と開発を続けているとしても、これら三国は、とにかくも「主権国家」として国連をはじめ重要な国際組織に加盟し、世界中の数多くの国々と外交関係を樹立し、国際的な外交交渉において「主体」として活動しているのである。

例えば、当時のイランのハタミ大統領は、改革と自由を志向する穏健派の指導者として知られ、「文明の対話」を掲げて西欧諸国からも高い評価を受けていた。さらに、北朝鮮の金正日について言えば、彼の究極目標は自爆ではなく「体制の生き残り」であろう。現に彼と直接会談を行なった安倍自身が、「その交渉のしかたを観察したが、一部の評論家がいうような愚かな人間でもなければ、狂人でもない。合理的な判断のできる人物である。では、金正日委員長にとっての合理的な判断とは何か。それは自分の政治的な権力を保持することにほかならない」との評価を下しているのである（『美しい国へ』）。イラクのフセイン体制について言えば、彼が独裁者であり侵略者であることは、一九八〇年から周知のところであった。にもかかわらず、次章で検討するように米国は、長く事実上の「同盟国」として扱ってきたのである。

このように、これら三国の行動原理とアルカイダのようなテロ組織のそれとは、根本的に異なっているのである。それをブッシュ政権は「同盟者」として同列に扱うことによって、外交交渉の「主体」とはみなさず、体制打倒の対象に設定してきたのである。先に見たように、ミサイル防衛の論理は、「核抑止」も機能しない「理性」を欠いたこれらの国々からのミサイル攻撃を前提としているが、こうした〝自爆的攻撃〟という想定が「悪の枢軸」論に依拠していることは明らかであろう。

そもそもこの「悪の枢軸」論は、クリントン政権の時代に提起された「ならず者国家」論を、「テロとの戦い」の時代に応じて〝継承発展〟させたものである。当時の国家安全保障担当補佐官のアンソニー・レイクは、「ならず者国家」論を最も詳細に論じたと言われる一九九四年の論文「反抗的諸国との対決」において、「反抗的」「無法者」「攻撃的で挑発的」あるいは「病的」といったタームを駆使して、キューバ、北朝鮮、イラン、イラク、リビアなどの脅威を強調した。このような、冷戦時代の「防疫対策」的な発想を髣髴《ほうふつ》とさせる議論の組み立て方に明らかなように、「ならず者国家」論は、国際政治を「善と悪の戦い」という単純な「二元論」で描きだす米国に独特の政治文化の所産であり、客観的な概念とは無縁の政治的レトリックであった(Robert S. Litwak, *Rogue States and U. S. Foreign Policy*, 2000)。

これを受け継いだ「悪の枢軸」論は、さらに自己展開を遂げて〝硬直性〟を増し、遂には泥沼のイラク戦争を招き、イランでは反米強硬派の権力奪取をもたらし、北朝鮮に対しては長く門戸を閉ざしている間に核開発をゆるし、挙句の果てに「交渉相手」として認知する、という事態となったのである。

「土着的テロ」と「革命的テロ」の混同

「悪の枢軸」論の第二の誤りは、あらゆるテロ組織やテロ活動を、アルカイダと同列に扱うところにある。問題のありかは、「テロとの戦い」を考えるうえでの必読文献とも言える『パルチザンの理論』(一九六三年)において、カール・シュミットが展開した議論に見出すことができる。そこでシュミットはパルチザンを、「郷土を防御的土着的に護るというパルチザンと、世界攻撃的に活動するというパルチザン」の二つに分類しているのである。つまり、「土着的パルチザン」と「革命的パルチザン」の峻別である。

前者の典型例としてシュミットは、ナポレオンの侵攻に対して周辺諸国の国民が、「一切の利用できる手段」を用いて抵抗に立ち上がったとされる「本然的な土着的な運動」をあげる。後者の例としては、「世界のすべての国々における共産主義的革命」をめざしたレーニンのパルチザン戦争をあげている。こうしたレーニン評価の当否は別として、シュミットは毛沢東の抗日パルチザンを、現代における前者の例にあげてレーニンと区別している。

シュミットのパルチザンの概念は、今日論ぜられるテロリズムの概念と必ずしも一致しない側面もあるが、「テロとの戦い」を考えるうえできわめて示唆的である。つまり、スペインのバスク地方や北アイルランドなどで展開されてきたテロ活動は、そのいまわしい手段は別として、独立や広範な自治という政治目標の達成を求めるものであった。さらに、パレスチナ問題でいえば、かつての解放機構（ＰＬＯ）や九〇年代以降のハマスによるテロ活動も、多数の市民の犠牲を出し、内部抗争が繰り返されるといった「負の側面」をかかえつつも、その基本的な性格においては、イスラエルに奪われた領土の奪還をめざす「土着的」な性格のものと言うことができるであろう。現にハイジャックなど一般市民を巻き込んだテロ活動が展開されるのは、イスラエルが周辺の広大な地域の占領に乗りだした、一九六七年の第三次中東戦争以降のことなのである。

たしかに、ビンラディンのアルカイダは、イスラエルや米国への対抗のうえからも、常に「パレスチナの解放」を錦の御旗として掲げる。しかし、世界的な破壊活動を目的とするアルカイダのようなテロ組織と、パレスチナの「土着的」な運動とは、その性格を根本において異にしている。こうした「土着性」をもつからこそ、「民主的な選挙」が実施されると、ハマスが大衆の支持を得て多数を占めることになるのである。かくして、ブッシュ政権は「中東民主化」の推進を掲げてきたが、選挙が行なわれると躍進するのは「イスラム原理主義者」であり、結局、ブッシュ政権が依拠できるのは、サウジアラビアやエジプトといった、前近代的王政か独裁体制の国家という皮肉な事態が生まれているのである。

「テロとの戦い」を遂行するという場合、アルカイダのような「革命的テロ」と「土着的テロ」を峻別することは決定的に重要である。なぜなら、提起される対応策が根本的に異なるからである。後者に対しては、政治的、経済的、社会的なアプローチが基本であり、それを通して「革命的テロ」を孤立化させる方向性が追求されねばならない。意識的か無意識的かは別として、これら両者の混同こそが、ブッシュ政権が展開してきた「テロとの戦い」の重大な誤りを生み出してきたのである。

「共通敵」という問題

以上のように、「悪の枢軸」論にはらまれた陥穽を明らかにする作業は、集団的自衛権の問題においてもきわめて重要な意味をもっている。なぜなら、集団的自衛権は「共通敵」の存在を前提とするからである。集団的自衛権の行使にあたって「主体的判断」を貫くことができるか否かは、つまるところ、米国の政権がその独特の政治文化を背景に設定する「敵」の概念について、日本がいかに「主体的」に判断できるか否かにかかっているのである。

第五章　「脅威の再生産」構造

1　レーガン政権のイラク政策

米国による「友・敵」関係の設定をめぐって深刻な問題は、冷戦時代も含めてしばしば、当面の「国益」判断から、「敵の敵は友」という短絡的な戦略・戦術を採用することによって同盟諸国を振り回すばかりではなく、結果的に、新たな脅威を生み出すという悪循環を引き起こしてきたことである。本章では、イラク、アルカイダ、そしてパキスタンという三つの事例をとりあげ、「脅威」が再生産されていく構造を明らかにしたい。なぜなら、誰が「敵」で何を「脅威」とみなすかが決定的な意味をもつ集団的自衛権の問題を検討するためには、こうした構造を把握しておくことは不可欠の前提と考えられるからである。まず象徴的な事例として、イラクの場合を見てみよう。

原点としての湾岸戦争

一九九一年一月の湾岸戦争は、前年九〇年八月のイラクによるクウェート侵攻に対して国連安保理が撤退要求を決議したが、イラクが期限である一九九一年一月一五日に至るまでこれに応じなかったため、多国籍軍が組織されクウェートを「解放」した戦争であった。この湾岸戦争は、その後の日本の進路にもきわめて重大な影響を及ぼすことになった。それは、先に見たように、当時の海部政権が増税までして九〇億ドル（総額では一三〇億ドル）もの巨額を多国籍軍に拠出したにもかかわらず、当事者のクウェートばかりではなく米国からも評価されず、その結果日本は「深い挫折感」を味わい、「恥じなき国」とか「日本の敗北」といったきわめて否定的な評価が支配的となったからである。かくして、このようなトラウマこそが、アフガニスタンやイラクの戦争に際しての、日本の基本的な対応策を規定していくことになった。しかし、湾岸戦争に至る経緯を新たな資料に基づいて改めて検証してみると、米国による「友・敵」設定にかかわる深刻な問題が浮き彫りになってくるのである。

イラク・ゲート事件をさぐる

湾岸戦争を総括するにあたって究明すべき問題は、いわゆる「イラク・ゲート」事件である。かつてニクソン大統領が野党民主党の本部があったウォーターゲート・ビルに盗聴をしかけて弾劾されることになった「ウォーターゲート」事件をもじって名づけられたこの事件は、ニクソンの犯罪に比してはるかにスキャンダラスであり、その後の情勢展開を踏まえるならば、国際政治において比較にならないほどに重大な意味をもっている。

この事件については、『フィナンシャル・タイムズ』紙の記者アラン・フリードマンが、一九九三年に著した『蜘蛛の巣』(Alan Friedman, *Spider's Web.* 邦訳『だれがサダムを育てたか』)において、当時入手しえた資料に基づいて概要を明らかにした。しかし、より本格的な調査研究としては、ハーバード大学の中東研究者ジョイス・バトル他一〇名の専門家からなるプロジェクト・チームが、情報公開法を駆使して関係資料を収集し、一九〇〇枚を超えるマイクロフィッシュにまとめあげた資料集『イラクゲート』を一九九五年に出版し、二〇〇四年に再版を見た(*Iraqgate: Saddam Hussein, U. S. Policy and the Prelude to the Persian Gulf War(1989-1994)*)。これらを参考に、事件の内実を検証していきたい。

イラク支援への転換

レーガン政権が発足した一九八一年一月当時は、イラン・イラク戦争が勃発してから約四カ月が経過していた。政権内部では、イラクの敵であるイスラエルに配慮しつつも、イランのホメイニ革命に対抗するためにイラクを支持すべき、という主張が優位を占めることになった。ただ、イラクへの援助を展開していく場合に障害となったのは、一九七九年に同国をテロ支援国家に認定していたことと、イラン・イラク戦争の勃発にあたってカーター前大統領が両国への兵器売却を禁止したことであった。

これらの障害をクリアするために、レーガン政権は一九八二年二月にイラクをテロ支援国家のリストから外し、これによって、イラクが米国から物資を輸入するにあたって融資保証を得られる道が開かれた。この道筋を本格的な軌道に乗せる役割を担うことになったのが、まことに皮肉なことに、二〇〇三年のイラク戦争を推進した最大の責任者である前国防長官ラムズフェルドであった。彼は一九八三年一二月上旬からイラクへのアプローチを始め、レーガン大統領の特使として「親書」を携えていることを強調してサダム・フセインとのトップ会談を要請し、ようやく一二月二〇日になって会談が実現した。

会談記録によれば、九〇分にわたった両者の会談では、ラムズフェルドが「イランとシリアの拡張を阻止することは米国とイラクの共通の利益」であり、米国から第三国を経由してイランにむかう兵器供給の封じ込めに成功したことを強調した。さらに、戦争のためにペルシャ湾から積み出される石油輸出が困難になっていることを踏まえて、イラクからヨルダン領内を経由してアカバ港に抜ける新しい石油パイプラインを建設する構想を提起した。

これに対しフセインは、新パイプラインへの「イスラエルの脅威」をあげ、米国による「何らかの保障」を求めるとともに、「今や米国企業と米国政府が関与する」ということであれば具体的に検討するとの意思を表明した。さらに、レーガン大統領の親書がイラン・イラク戦争の持つ意味について「深くかつ真剣に理解」していることを喜ぶとともに、「米国が大使の交換を含む外交関係のさらなる発展を望んでいる」ことを歓迎した。

ところで、ラムズフェルドがイラクへのアプローチを始める一カ月前の一九八三年一一月一日付けの書簡において、国務省で軍事問題を担当するジョナサン・ハウがシュルツ国務長官に対し、「イラクは、米国の海外子会社をも含め、主として西側の企業から化学兵器の生産能力を獲得した」ことが確認された旨を伝えていた。しかも問題は「生産能力」にとどまらず、イランとの戦争において「イラクは今やほぼ毎日のように化学兵器を使用している」という情報も明らかにしていたのである。しかしレーガン政権は、化学兵器の使用は許さないという米国の基本原則の適用にあたっては、イランとイラクとの〝力関係〟を配慮しつつ進めなければならないという方針を採り、かくしてラムズフェルドのバグダード訪問にあたっては、化学兵器の問題は一切提起されなかったのである。

融資保障と兵器調達

ところで、新パイプラインを始めとしてイラクにおいてプロジェクトを進めていくにあたって、債務保証を行なう窓口に選ばれたのが、米国の事実上の政府機関である輸出入銀行であった。さらに、農務省の輸出振興機関である農産物信用公社(CCC)も重要な窓口となった。この公社は、輸出入銀行の場合と同じように、米国の農産物輸出企業が外国の買い手側の債務不履行に直面した時に備えて融資保証を行なう機関であった。このCCCを通しては、早くも一九八三年末までに、米国産小麦や肥料用穀物などを米企業がイラクに輸出するにあたって、四億ドル近い融資保証が実施された。

米国とイラクの関係は、一九八四年一一月に正式の外交関係が樹立されたことで、さらに本格的な展開を示すことになった。しかし、問題は外交関係に止まるものではなかった。実はイラクは、米国から供与される融資保証や信用供与を流用して兵器調達にあて、あるいはヨルダンのアカバ港に着いた米国の農産物を兵器と交換するなどの方法によって、軍備の拡大をはかっていたのである。

こうした不透明な取引関係を、さらに大きな規模で展開させる〝隠れ蓑〟に選ばれたのが、イタリア国立労働銀行（ＢＮＬ）のアトランタ支店であった。この小さな支店が輸出入銀行やＣＣＣといった政府機関の〝肩代わり〟の役割を担い、限度額をはるかに越えるイラクに対する不正融資を大々的に引き受けていったのである。かくして、八〇年代末までに米国政府がイラクに供与した融資保証は総額五〇億ドルにも達したが、その中でＢＮＬによる貸付は一九億ドル近くを占めていたのである。

クルド人虐殺の黙認

問題は、こうした不正常な実態を政権の側が知りながら事実上黙認したばかりではなく、イラクへの援助政策を変更しなかったことである。象徴的な事例は、一九八八年におきた。フセイン政権は、イラク北部のクルド人自治区の三千もの村々を襲い一八万人以上を殺害するという「アンファル作戦」を展開したが、同年三月にハラブジャの街を攻撃するに際して、マスタード、タブン、サリンなどの化学兵器を使用し、五千人近い住民を虐殺した。こうしたクルド人に対する化学兵器の使用は、その後も継続された。同年九月二日、アブラモヴィッツ国務次官補は、シュルツ長官への書簡でこの作戦に触れて、「バグダードは、クルド人の反乱者や彼らを支援する村々に対して化学兵器を使用することに、いささかの躊躇も感じていないようである。事実、我々は今や、イラクが八月二五日にクルド人の蜂起者に対し化学兵器を使用した証拠を確認した」と伝えたのである。

このようにレーガン政権は、イラクがイランに対してばかりではなく、国内のクルド人に対しても化学兵器を使用しているという確かな情報をつかんでいたのである。さらに国連安保理においても、事務総長が派遣した調査団が下した「結論」に基づき、同月二六日には、イラクの化学兵器使用を非難する決議が採択され、これをうけて、米国の議会からもイラクに対する制裁の発動を求める動きが日増しに強まっていった。しかしレーガン政権は、「地域の主要大国」となったイラクとの「二国間関係のきわめて大きな重要性」の認識にたち、イランの「敵」であるイラクを援助するという基本路線を継続し、制裁に反対するという結論に至ったのである。

同政権の末期には、国務省の内部においても、例えば人権問題担当の国務次官補シフターは、「サダム・フセインの体制は、世界における最も野蛮で抑圧的な体制の一つとして長く知られてきた。しかし、一九八八年にフセイン体制が行なった行為は、それまでの行為をはるかに凌ぐものであった。クルド人に対する行為は軍人や政治家によるものではなく、広範なクルド人を殺害するために冷徹に計算された方法によって、文字通りトップからの指令に基づいて行なわれたものである」と指摘し、もし米国の一般世論がイラクの人権侵害を知ったならば、「イラクへの米国の援助に対して大きな世論の怒り」が巻き起こるであろうと警告した。

2 「イラク・ゲートの犯罪」

イラクへの関与の継続

一九八九年一月にブッシュ・シニア政権が発足したが、同政権もまた右のような警告を無視し、レーガン政権の基本路線を踏襲する道を明確に選択した。それが、新しい国務長官ベーカーの指示のもとにまとめられた、一月二〇日付けの国務省文書「米国 - イラク政策のためのガイドライン」である。

そこではまず、前年八月に足掛け八年に及んだイラン・イラク戦争が停戦に至ったという新たな情勢を背景に、新政権としてイラクに対して採るべき二つの選択肢が提示される。一つは「憎むべき独裁体制」としてできる限り忌避するか、二つは「地域における潜在的パワー」として認知し「相対的に高い優先順位」を付与するか、という選択である。ここにおいて同文書は、イランとの戦争を経てイラクが「強大な軍事的・政治的パワーになった」という現実、米国にとって重要な輸出市場を約束する巨大な石油の埋蔵量、さらにはソ連の影響力から離れつつあるという現状、これらすべてが両国の政治的関係に重要性を与えているとの理由をあげて、「我々は強く後者の立場を主張する」と、イラクのフセイン体制にコミットを続けていく、という方針を鮮明に打ち出したのである。

ところが、この政策を続行していく上で大きな障害が持ち上がった。それは、政権の発足から七カ月後の一九八九年八月に、FBIがBNLのアトランタ支店に対し、巨額の不正融資の罪状で強制捜査に踏み切ったことであった。こうして同支店が、イラクに対する輸出入銀行やCCCの融資保証の〝トンネル〟の役割を担い、レーガン政権期の、イラクに対する援助政策の「道具」として使われていたことが明らかとなった。

イラク援助への邁進

かくして、議会や世論からイラクへの援助政策に対する批判の声が一気に増大した。だが、FBIの強制捜査から二カ月後の一〇月二日にブッシュ・シニア政権は、さらなる一歩を進めた。それが、同大統領が署名した国家安全保障指令二六号であった。公開された文書の半分以上が秘密指定で黒く塗られているとはいえ、この指令で確認できることは、米国とイラクとの関係の維持が米国の長期的利害に適い、湾岸と中東地域の安定を促すものであり、従って、「米国政府は、イラクがその行動を穏健なものとし、同国への米国の影響力を増大させるために、イラクへの経済的かつ政治的インセンティヴを申し出るべきである」というものであった。

実は翌一一月六日にCIAは、「イラク・イタリアー——BNLアトランタ・スキャンダルの反響」と題する報告書において、イラクがBNLを窓口とした米国からの巨額の融資保証や信用供与を背景に、西欧諸国において「複雑な兵器調達のネットワーク」を作り上げており、そのねらいは「化学、生物、核、そして弾道ミサイル開発計画のためのテクノロジーを獲得する」

ところにある、と警告を発した。しかし、ブッシュ・シニアの意を受けたベーカーは、ＣＣＣプログラムによるイラクに対する一〇億ドルにのぼる新規の融資保証の実現に邁進した。これが後に、「サダム・フセインの戦争マシーンへのジェイムズ・ベーカーの裏口融資」と非難されることになるのである。

外交の大失策

驚くべきことに、こうしたブッシュ・シニア政権の基本姿勢は、フセインのクウェート侵攻の前夜まで堅持された。七月二七日に至り、上下両院は、クウェートに対する「フセイン政権の差し迫る好戦的な政策」を非難し、イラクに経済制裁を加えるべきことを決議した。さらに上院は、イラクに供与している一〇億ドルのＣＣＣによる債務保証の大幅なカットを求めることを決議した。しかし、ブッシュ・シニアは、イラクとの「友好関係」を維持するための理由で拒否権を発動し、この決議を葬り去ったのである。さらに翌二八日にはサダム・フセインに対し、「米国政府はイラクとの友好関係を一層深めることを望んでいる」との電報を送ったのである。イラクのクウェート侵攻は、それから四日後の八月二日であった。ブッシュ・シニアは直ちに声明を発し、一転して「フセインはヒトラーである」と非難した。

以上が、サダム・フセインが支配するイラクに対してレーガン政権とブッシュ・シニア政権によって展開され、「イラク・ゲート」事件と呼ばれることになった政策の概要である。初めて「イラク・ゲート」という言葉を登場させた一九九二年五月一八日付けのコラム「イラク・ゲートの犯罪」において、『ニューヨーク・タイムズ』紙の保守系コラムニストであるウイリアム・サファイアは、次のようにブッシュ・シニア政権を非難した。いわく、「ペルシャ湾における戦争は、途方もない外交政策上の大失策によってもたらされた。その失策とは、イラン・イラク戦争が終結して以降、サダム・フセインに地域の安全保障を託すというジョージ・ブッシュの決定であった」と。

究極の隠蔽作戦

ちなみに、当時日本では、一九九一年一月の年頭教書でブッシュ・シニアが打ち出した「新世界秩序」論が仰々しく取り上げられていた。国連の権威と米国の軍事力の結合を背景に、「世界の警察官」としての米国が冷戦後世界の秩序形成を担うという構想である。だが、この構想の〝モデル〟をなす湾岸戦争の正当性それ自体が、本国においては根底から問われていたのである。

一九九二年秋の大統領選挙戦でも「イラク・ゲート」事件は重大な争点の一つとなり、民主党の副大統領候補のアル・ゴアや第三党の大統領候補ロス・ペローは、「アメリカの納税者の金を何十億ドルも使ってサダム・フセインをつくりだしたのなら、あれは誤りだったとはっきり言うべきだ」と追及した。これらの批判に対しブッシュ・シニアは、農産物購入資金をイラクに貸与したことを認めたうえで、「結果として、彼らがそれを悪用して核兵器開発のための材料の購入にあてたが、こちらはそのかなりの部分を戦争で破壊した、と釈明した。

しかし、ブッシュ・シニアは、湾岸戦争で「破壊」できなかった「部分」が残っていることに重大な懸念を抱いていたようである。彼は政権を去る三日前の一九九三年一月一七日、バグダード南部の工業団地のいくつかの工場に対し、巡航ミサイルによる攻撃を加えた。その理由は、フセインが国連の兵器査察を妨害したから、とのことであった。しかし、イラクの核開発に米国や西欧諸国の最新のテクノロジーが使われていることをすでに確認していた元国連査察団長のデイビット・ケイをはじめ国連の関係者は、この攻撃を「究極の隠蔽作戦」と断じたのである。

兵器市場としてのイラク

以上の検証からも明らかなように、今回のイラク戦争に至るまで一貫して焦点となってきたイラクの大量破壊兵器問題の〝起源〟は、イラン・イラク戦争の勃発とともに、ソ連に取って代わって、米国をはじめ西欧諸国の軍需関連企業がイラクを新たな格好の「市場」と位置づけ、最新の軍事テクノロジーや関係資材、「二重用途」(dual use)の製品などを、なりふり構わず売り込んだところにある。現に、クウェートに侵攻したイラクに対して最も強硬に対決路線を主張したサッチャー首相が率いる英国は、実はイラン・イラク戦争が始まって四カ月後の一九八一年一月には、海外防衛委員会で「国防機器の有望な売り込み先としてのイラクの市場を開拓する」ことを討議し、「殺人兵器の定義はできるだけ狭く、中立義務の観念はできるだけ弾力的に解釈すること」で合意し、米国より早くイラクへの兵器輸出に本格的に乗り出していたのである。

米国の敗北

このように、「敵の敵は友」という短絡的な視野にたって継続されたフセインへの援助政策が、ついには「制御不能」のモンスターを生み出してしまったのである。とすれば、湾岸戦争から引き出される〝教訓〟は、「日本の敗北」ではなく、全く逆に「米国の敗北」に他ならないのである。「恥じなき国」として日本が恥じ入る必要があるとすれば、それは「カネ」の貢献しかできなかったといった皮相な問題では全くなく、イラクへの最大のＯＤＡ(政府開発援助)供与国として、そのＯＤＡ資金がフセインの兵器購入に悪用された可能性がある、という一点においてである。「イラク・ゲート」事件の検証を踏まえて湾岸戦争の本質的な問題をたとえて言えば、次のようになるであろう。

隣家に放火して悪行の限りを尽くしている「ならず者」に対し、当面の自らの利益だけを考えて大量の可燃性物資を売りさばき、はたせるかな大火事が発生すると、この大火事を引き起こした自らの責任はすっかり棚上げにして、消火に務めるのは町内に住む者の「義務」であり「崇高な任務」であると言い募る、といったところであろうか。

3　「脅威」の歴史的性格

アフガンでのソ連との対決

実はレーガン政権は、その「敵の敵は友」戦略によって、イラクのフセインとは別の、重大なモンスターを作り出していた。一九八一年一月末、発足したばかりのレーガン政権は安全保障問題の最重要課題として、奇しくも今日のブッシュ政権と同じく「国際テロリズムとの戦い」を掲げた。二七日に大統領は、テロリストが国際規範を踏みにじるならば、米国は「速やかに効果的な報復を行なうであろう」との声明を発し、翌二八日にはヘイグ国務長官が最初の記者会見で、国際テロリズムの問題が「レーガン政権にとって最優先の課題である」と言明した。当時、侵略国家やテロ支援国家、さらにはテロ組織と目されていたのは、ソ連、リビア、イラン、シリア、北朝鮮、キューバ、ニカラグアのサンディニスタ政権、そしてレバノンの過激派やパレスチナ解放機構（PLO）などであった。なかでも焦眉の課題は、一九七九年末にアフガニスタンに侵攻したソ連との対決であった。

一九七九年一二月二七日に本格的に開始されたアフガニスタン侵攻に関するソ連側の「公式の立場」は、「アフガニスタンに対する帝国主義者たちの武力干渉を撃退」するために、一九七八年のソ連・アフガニスタン友好条約に基づき、当時のアフガン指導部の「支援と協力の要請」を受けて、国連憲章五一条に規定された集団的自衛権を行使する、というものであった。当時のブレジネフ書記長は、「三～四週間で終わるであろう」と楽観的な見通しを持っていたが、このアフガニスタン侵攻作戦は、一〇年にもおよぶ泥沼の戦争と化したのである。

ムジャヒディンへの軍事援助

米国は、ソ連の侵略行為に対する国際的な包囲網を組織するとともに、かねてから遂行してきた路線に基づき、アフガニスタン内部のムジャヒディン（イスラム聖戦士）に援助を与えることによってソ連軍の消耗をはかった。しかし、ムジャヒディンのゲリラ闘争に手を焼いていたソ連側も、最新装備を備えたヘリコプターの導入など兵器の増強をはかることで巻き返し、一九八〇年代半ばには、ムジャヒディンの側が劣勢にたたされる局面を迎えた。

　こうした情勢をうけて、二期目の任期に入ったレーガン大統領は一九八五年三月、ムジャヒディンに対する秘密軍事援助を「ステップアップ」させ、兵器の供給を「劇的に増大」させる方針を打ち出した国家安全保障決定指令一六六号に署名した。これを受けて翌八六年、ウイリアム・ケーシーCIA長官は、重大な三つの措置を実行に移した。まず第一に、それまで直接供与していなかった米国製の兵器をムジャヒディンに提供し、米軍事顧問団を派遣して訓練を施すことに踏み切ったのである。提供された兵器のなかに、ソ連のヘリコプターの撃墜に大きな役割を果たし、後には米軍を悩ませることになるスティンガー対空ミサイルが含まれていた。

第二に、パキスタンのＩＳＩ(軍統合情報部)とＣＩＡが協力して、ソ連の軍事物資の補給経路であったソ連邦のタジキスタンとウズベキスタンの両共和国に対するゲリラ攻撃を組織する、ということであった。

そして第三の措置として、世界中からムスリム急進派をパキスタンに結集させ、アフガン・ムジャヒディンとともに戦わせる、というプロジェクトをＣＩＡが本格的に支援する、との方針が決定された。すでに世界各地から、アフガニスタンの「共産化」に対抗してジハードを闘うために、サウジアラビアの情報部の指揮のもとにムスリム急進派がパキスタンに集まっていた。しかし、右の決定を契機に飛躍的に組織化が進み、最終的には世界四三カ国から結集した、およそ三万五〇〇〇人がアフガン・ムジャヒディンとともに戦ったと言われる。さらに、直接戦闘に参加しなくとも、周辺からの〝支援〟に携わったムスリム急進派は一〇万人を越えたとも推測されている。

実は、世界中からムスリム急進派をパキスタンに結集させるというこうしたプロジェクトの組織者の一人が、オサマ・ビン・ラディンであった。彼は豊富な資金力とＣＩＡの援助を背景に、戦争支援の〝インフラ〟の整備に乗り出し、さらにはムジャヒディンを支援するサービス・センターとしての「アル・カイダ」(基地)を設置したのである(Ahmed Rashid, *Taliban: Militant Islam, Oil, and Fundamentalism in Central Asia*, 2000)。

今日から振り返るとき、さらには今後長く続くであろうとされる「テロとの戦い」という視点から見るとき、一九八六年は、歴史を画した年であったと言わざるを得ないであろう。それまでムスリム急進派の国際的なネットワークは整備されていなかったが、世界中から彼らをパキスタンに結集させ、テロ活動のノウハウを教え込み、武器を供与し資金を与えてアフガニスタンに送り込むという路線にCIAが本格的に踏み切ったことによって、ムスリム急進派の広範な組織化が一気に進むことになったのである。こうして、新たなモンスターの登場が準備されることになった。周知のように、その後ビン・ラディンは、母国サウジアラビアへの米軍の駐留を「異教徒の軍隊によるイスラムの聖地占領」として激しく非難し、やがて反米テロのカリスマ的指導者に変身していったのである。

モンスターを再生産する米国

ところで、今日のブッシュ政権はブッシュ・シニアと同じように、直面している脅威を過去の歴史になぞらえて強調することを好むようである。例えば、ブッシュ大統領は二〇〇六年八月末日、ユタ州での退役軍人の集まりにおける演説で、「今日我々が闘っている戦争は、単なる軍事闘争ではない。この戦争は、二一世紀における決定的なイデオロギー闘争である」と述べたうえで、「今日のテロリストは、ファシスト、ナチス、共産主義者の後継者たちである」と決めつけた。同じく、当時国防長官であったラムズフェルドも、テロリストを「新種のファシズム」と規定し、イラクから米軍が撤退することは「ナチスに譲歩するのと同じこと」と撤退論を批判した。

しかしすでに検証してきたように、九〇年代以来、米国が、そして世界が直面してきたイラクのフセインと、アルカイダを率いるビン・ラディンという「脅威」は、まことに皮肉なことに、レーガン政権が掲げた「国際テロリズムとの戦い」における最も重要な「同盟者」であった。その「同盟者」が、結局は米国も制御不能なモンスターに〝成長〟したのである。つまり、我々が直面してきた現代の「脅威」は、ファシズムやナチズムや共産主義といった「脅威」とは、その歴史的性格を根本的に異にしている。ある「脅威」に対抗するために、米国が〝手段〟として利用した主体が新たな「脅威」として登場するという、「脅威の再生産」の構造にこそ、問題の本質があるのである。

「敵の敵は友」の短絡

以上のような議論に対して直ちに加えられるであろう批判は、「敵の敵は友」という戦略・戦術はパワー・ポリティクスの常識ではないか、というものであろう。しかし、こうした批判は重大な誤りをはらんでいる。なぜなら、一八世紀や一九世紀のヨーロッパ国際政治の文脈においてならば成り立ったであろう戦略・戦術を、不安定きわまりない中東地域の独裁者であり侵略者である指導者に適用すれば、いかに破滅的な事態が生じることになるか、すでに事実が証明しているからである。さらに、パレスチナ問題をはじめ、イスラム世界が抱え込んでいる複雑で深刻な諸問題への対応策をもたないままに、ムスリム急進派にテロのノウハウを教え込み、兵器や資金を供与し組織化を促すことがいかなる結果をもたらすか、これもまた明らかなところであろう。

それでは、不安定きわまりない途上国の指導者達や諸勢力を、「敵の敵は友」といった短絡的で狭隘な目的と利害のために〝手段〟として利用し、その結果新たな「脅威」が生み出されるという構図は、レーガン政権やブッシュ・シニア政権の時代に限られたものなのであろうか。今日の「脅威の再生産」の構造を、次に検討してみよう。

4 パキスタンという脅威

テロリストと核兵器

米国を代表するシンクタンクである外交問題評議会のフェローで核拡散問題の専門家であるチャールズ・ファーガソンは二〇〇六年三月、「破滅的な核テロリズムを阻止するために」と題する特別報告書をまとめた。そこでファーガソンは、アルカイダなどのテロリストが化学・生物・放射能兵器などの獲得に懸命に動いているが、なかでも核爆発によって即時的な大量破壊をもたらす核兵器に何よりも関心をもち、「テロリストによる核攻撃の脅威がかつてなく高まっている」と警告を発している (Charles D. Ferguson, *Preventing Catastrophic Nuclear Terrorism*, CSR No. 11, March 2006)。

テロリストが核兵器を入手する方法として彼は、「盗み出すか、購入するか、自ら製造するか」という三つの可能性をあげたうえで、「製造」については、核分裂物資を入手してもその後の段階に多くのハードルがありきわめて困難であろうと判断している。「盗み出す」というケースについては、米国を始め五大国の場合は、通称PALと呼ばれる安全・認証コードを解除しないかぎり核兵器が作動しないようになっているが、ロシアの戦術核とパキスタンの核兵器については、PALのような安全メカニズムのもとに置かれていない可能性がある、と危惧している。

パキスタンの核

より現実的な危険性としてファーガソンが懸念するのが、核兵器を「購入」、あるいは「譲渡」される場合であって、そのルートとしては、核兵器の管理者側の腐敗、闇市場、そしてテロリストにシンパシーをもつ勢力によるクーデターがあげられる。これらの点からして、最も懸念される国として彼が指摘するのが、パキスタンなのである。

その理由としてファーガソンは、第一に核兵器の指揮管理システムがまだ新しいこと、第二にアルカイダやタリバンがプレゼンスを確保していること、第三にISI(軍統合情報部)の一部がタリバンにシンパシーを持っていること、第四にムシャラフ大統領が暗殺の標的となってきたこと、そして第五にカーン博士が核の闇市場を組織し、世界中に核関連物資や技術を売り渡してきたこと、を挙げている。

ところで、実は筆者(豊下)は、ファーガソンの特別報告書がまとめられるおよそ二年前の二〇〇四年二月二五日、参議院憲法調査会において次のように指摘していた。

「私は、イラク問題が深刻化する前から主張していたんですけれども、今世界で大量破壊兵器とテロリズムが結合する最も危険な地域はどこかといいますと、それは北朝鮮でもイラクでもイランでもリビアでもなくて、パキスタンなわけですね。パキスタンは間違いなく核保有国であり、強力なミサイルを持っており、しかも他の国に核技術を輸出しており、しかも国内ではアルカイダの残党がばっこしておると。仮に今大統領が暗殺されるということになればどんな事態が起こるかと、想像を超えるわけです」

脅威の認識

それでは、ファーガソンの指摘とほぼ重なり合うようなパキスタンがかかえる脅威について、なぜ筆者はイラク開戦の前から認識することができたのであろうか。筆者が何らかのインテリジェンス(情報・諜報)機関から極秘の情報を入手していた訳では、もちろんない。それどころか、筆者がアクセスできるのは、誰もがアクセスできる一般の情報媒体以外にはない。問題は、何が世界の脅威かを見極めるにあたって、米国が持つようなバイアス(偏り)から自由であるか否か、というところにあるのであろう。特にブッシュ政権の場合、イスラエルと密接な関係をもつネオコンが大きな影響力をもち、図式的に言えば、「イスラエルの敵は米国の敵、米国の敵は世界の敵」といった構図で世界の脅威を認識しようとするからこそ、イラクやイランが過度にクローズアップされることになったのである。

核実験と制裁

それでは、パキスタンの脅威について問題を整理して見ていこう。パキスタンは一九九八年五月二八日と三〇日に、相次いで六回にわたる初の核実験を決行した。ムシャラフ大統領はそのメモアールで、パキスタンの核開発はあくまでインドのそれに対する自衛の手段であり、これを「イスラムの核」と非難することはきわめて「アンフェア」であって、国際社会はまずインドの核開発を止めさせるべきであった、と主張している (Pervez Musharraf, *In the Line of Fire*, 2006)。当時のクリントン政権は、同月一一日と一三日に行なわれたインドの核実験を抑えることができなかったことを受けて、〃飴とムチ〃のあらゆる手段を使ってパキスタンの実験を何としてでも阻止することに全力を挙げたが、その試みは失敗に終わった。

インドとパキスタンの相次ぐ核実験をうけて、当時国連安保理の非常任理事国であった日本は核の拡散に重大な危機感をいだき、米国と提携しつつ非難決議のとりまとめに奔走した。その結果、全会一致の決議が採択され、日本は米国などとともに経済制裁に踏み切ったのである。

ところが、パキスタンでは翌一九九九年一〇月に、陸軍の参謀長であったムシャラフがクーデターによってシャリフ政権を打倒して権力を掌握し、軍事政権が核を保有する事態となった。当時、クリントン政権はパキスタンに、CTBT(包括的核実験禁止条約)への署名を強く求めていたが、そのお膝元で、上院が同じ一〇月にその批准を否決したため、パキスタンへの説得力は無きに等しいものとなった。

一転して制裁解除へ

二〇〇一年に入ってブッシュ政権が発足し、同年九月一一日の同時多発テロ事件が発生したことによって、状況は大きく転換することとなった。アフガニスタンに対する戦争を遂行するうえでパキスタンを戦略拠点と位置づけたブッシュ大統領は同二二日、「安全保障上の利益にならない」との理由で、インドとともにパキスタンへの制裁を解除する決定を下したのである。

翻ってみれば、先に見たようにソ連によるアフガニスタン侵攻に対処するためにレーガン政権は、すでに核開発の道に乗り出していたパキスタンの動向を黙認していた。ところが、一九八九年にソ連がアフガニスタンから撤退して戦略上の重要性が失われると、核拡散に対処するという理由から、クリントン政権は一転してパキスタンの核開発に厳しい態度をとったのである。にもかかわらず、ブッシュ政権は改めて〝容認〟に転じた訳である。パキスタンは文字通り、米国の時々の都合によって振り回されてきた、と言っても過言ではない。ところが、同じく振り回されることになったのが、他ならぬ日本である。

追随した日本

二〇〇一年九月下旬に訪米した小泉首相に対しブッシュは、日本もインドとパキスタンへの制裁解除に踏み切ることを要請したばかりではなく、「核保有国の政情は安定してもらわねばならない」との理由を掲げて、パキスタンに対して経済援助を実施することまで求めたのである。これを受けて小泉政権は翌一〇月二六日、両国への経済制裁を解除し、パキスタンへの緊急援助の方針を決定した。

ここで改めて、パキスタンに対する経済制裁発動に際しての、一九九八年五月二九日の「官房長官談話」を見ておこう。そこでは、同国の核実験の実施は「核兵器のない世界を目指す国際社会全体の努力に対する挑戦であり、全く容認できない」と断じ、「ＮＰＴ及びＣＴＢＴを無条件に締結する」ことを求め、日本が今後とも「国際的な場で核不拡散体制の堅持」にむけて積極的に取り組むことが強調されていた。ところが二〇〇一年一〇月二六日の「官房長官談話」では、インドやパキスタンが「核・ミサイル関連物質・技術の輸出管理についても、その厳格な実施を表明してきている」ことは、制裁措置が「相応の成果をあげたと考えられる」とされた。さらに、「今次テロとの闘いにおいてパキスタンの安定と協力は極めて重要であり、国内的に大きな困難を抱えている同国を中長期的な観点から支援していくことが必要である」と述べられているのである。

後で検討するように、パキスタンが「核関連物資・技術の輸出管理の厳格な実施」に努めているといった認識は、ブラックジョークの類である。ただ、いずれにせよ小泉政権は、パキスタンがNPTやCTBTの締結に完全に背をむけ続けていることに抗議をするどころか、全く逆に、核保有国としての存在を事実上黙認したうえで、その「安定」のために「支援」を行なう方針に踏みきったのである。この決定は、「非核三原則」とともに「核不拡散強化」を「国是」としてきた日本の根本原則の重大な転換を印すものであった。ブッシュ政権の圧力を前に、熟慮に熟慮を重ねることもなく、被爆の歴史を踏まえた「国是」を軽々しくも放棄し去ったのである。

核の闇市場

それでは、「援助」をうけることになった核保有国パキスタンは、「安定」にむかったのであろうか。早くも翌二〇〇二年には深刻な事態が表面化した。まず、五月から六月にかけてカシミール問題にかかわって、インドとパキスタンの軍事的緊張が一気に高まり、核戦争の勃発さえ懸念されるなかで、米国は自国民に退避勧告を出すまでに至った。さらに、カシミールにおいてイスラム過激派のテロ組織が勢力を伸ばす一方で、パキスタン西部には米軍の攻撃から逃れたアルカイダの残党が国境地帯に流入し、米国がムシャラフ政権に「テロとの戦い」を強く求め続けるならば、政権の崩壊さえ招きかねない事態となった。

この深刻な危機から数カ月を経た九月中旬に電撃的な小泉訪朝が行なわれた訳であったが、

翌一〇月に訪朝した米国のケリー国務次官補が収集資料を示して、ウランによる核開発計画が存在するのではないかと問い詰めた。これに対し、北朝鮮がそれを認めたために、米国は米朝合意に違反したとして重油の提供を停止し、それに反発した北朝鮮はＮＰＴからの脱退を表明するとともに、プルトニウムによる核開発を再開し、一気に危機が高まることとなった。

当時北朝鮮がどこまでウランの核開発を進めていたかについては、その情報の信頼度について、今や米国の議会からも疑問が提出されてきている。しかし、計画の進展度は別として重要なことは、パキスタンから北朝鮮に対して、高濃縮ウランの製造に必要な遠心分離機などの資材が供与されていることが明らかとなり、こうしてカーン博士による「核の闇市場」の問題が浮上してきたことである。さらに一一月下旬には、当時のパウエル国務長官がムシャラフ大統領に「北朝鮮との不適切な接触は重大な結果を招く」と警告を発したのに対し、ムシャラフが「さらなる接触はしないと確約した」、とのパウエル発言が報じられた。カーン博士のレベルだけではなく、パキスタン政府自体が、北朝鮮から弾道ミサイルの部品を受け取る見返りとして遠心分離器の取引に関わっていたのである（『ロイター』二〇〇二年一一月二七日）。

核拡散の進行

以上に明らかなように、すでにイラク開戦を前にした二〇〇二年の段階で、正真正銘の核保有国であるパキスタンが、その核管理においてきわめて不安定な状況にあり、さらには「悪の枢軸」の一国である北朝鮮の核開発にかかわっていることが明確になっていたのである。大量破壊兵器が残存しているか否か〝不明〟といったイラクのレベルとは比較にもならない深刻で切迫した危機が、他ならぬパキスタンに存在していたのである。

しかし、「敵の敵は友」というブッシュ政権の選択によって、パキスタン問題は事実上放置されたまま、イラク戦争に突き進んでいった。そしてこのことのツケが、イラク開戦から半年後に明らかとなった。二〇〇三年一〇月に、イタリア当局がリビアに向かう貨物船を臨検したところ、ウラン濃縮用の遠心分離機の部品が発見されたのである。この摘発についてブッシュ政権は、大量破壊兵器や関連物資の拡散を「有志連合」の協力活動によって阻止することをめざして同年五月に提起されたPSI（拡散安全保障イニシアティブ）の「大きな成果」である、と自画自賛した。しかし皮肉なことに、この摘発によって明らかとなってきたことは、カーン博士の「核の闇市場」が活発に活動しており、そのネットワークはリビアやイランなど多数の国々に張り巡らされていることであった。つまり、米国がイラク戦争の泥沼にはまり込み、あてどもなく大量破壊兵器を探し回っている間に、パキスタンから「ならず者国家」や「悪の枢軸」の国々への核拡散が進行していたのである。

闇市場問題の幕引き

他方、パキスタン国内では、同年一二月の一四日と二五日の二回にわたって、ムシャラフ大統領への暗殺が試みられ、大統領が間一髪で難を逃れるという重大な事件が発生した。極秘のはずの大統領の経路情報をテロリストが摑んでいたということは、彼らのネットワークがムシャラフの周辺にまで及んでいることを意味していた。核兵器の最終的な管理者であるムシャラフの権力基盤のこうした想像を超える不安定さは、パキスタンがかかえる危機の深刻さを如実に示すものであった。

ムシャラフは翌〇四年二月に入ってカーン博士問題の〝処理〟に動き、カーンはテレビ演説で国民に謝罪したあと、自宅軟禁におかれて外部との接触が制限された。ムシャラフは、「核の闇市場」が「金目当て」のカーン個人の行為(a one-man act)であることを強調して〝幕引き〟をはかった。しかし、ムシャラフ自身がメモアールで認めているように、北朝鮮には少なくとも二〇個をこえる遠心分離機、イランやリビアには一八トンにも達する遠心分離機や関連物資が送られていたのであり、こうした貨物の移送が、軍や政府の黙認や援助なしに、カーンのグループだけで可能であったと考える専門家は誰もいない。

ところが、この〝処理〟を待っていたかのように翌三月、パウエル国務長官は「パキスタンを非ＮＡＴＯの主要同盟国」に位置づける、と言明したのである。クーデターで権力を握り、大統領と陸軍参謀長を兼職し、形だけの選挙で体制を維持してきたムシャラフのパキスタンを、米国は遂に「主要同盟国」に格上げしたのである。それればかりではなく、このパウエル声明によって「核の闇市場」の全容解明は事実上〝闇〟に葬られることになり、今日に至るも、そのネットワークが活動を持続しているとの報道は絶えることがないのである。

脅威の焦点

米軍再編が論じられる時に、必ず枕詞のように使われた「不安定の弧」(arc of instability)という言葉があった。これは、アフリカ東部から中央アジア、南アジア、東アジアにおよぶ長い地帯を意味し、この「弧」が不安定なために、米軍による関与が急ぎ強化されねばならず、その再編成に日本の「貢献」が求められる、という構図を示すものであった。しかし、この「不安定の弧」の真ん中に、核兵器をもつ最も不安定な国家パキスタンが位置してきたのである。先に見た二〇〇一年一〇月二六日の「官房長官談話」には、「核拡散分野における両国〔インドとパキスタン〕の状況が悪化すれば」、制裁措置の復活も「検討する」と明記されていた。北朝鮮の核開発に直結する問題でもあった以上、本来ならば日本政府は二〇〇二年の段階からパキスタンに対する新たな制裁の発動も検討し、この「不安定」にこそ正面から取り組むべきであった。

パキスタンがかかえる脅威とは、核の管理と核の拡散という双方にかかわっているのであって、この恐るべき脅威に比すならば、イラクの砂漠で大量破壊兵器を探し求めるなどということは〝牧歌的〟と言っても過言ではないであろう。しかもこれらの大量破壊兵器が、仮にブッシュ政権が主張したようにイラクで「発見」されたとしても、それらはすでに見たように、米国を始め西欧諸国が供与し、湾岸戦争で「隠蔽」もかねて破壊が試みられたが、完全には破壊し切れなかった〝残存物〟に他ならないのである。

情報戦略の大前提

昨今、政府や与党を始め論壇においても、「国家の情報機能強化」や「対外情報機能の強化」の必要性が叫ばれている。しかし、日本が歩むべき基本戦略が定まっていないならば、どれだけ極秘の情報が収集されても意味をなさないであろう。仮にその基本戦略が、「米国の敵は日本の敵、米国の友は日本の友」というものであれば、いかに情報能力が強化されても、その時々の米国による「友・敵」設定の変更によって日本が振り回される、という構図は今後とも繰り返されることになるであろう。改めて指摘するまでもなく、この「友・敵」設定のあり方こそが、集団的自衛権の核心に位置しているのである。

フセイン政権を打倒した後のイラクの再建戦略をもたないままに戦争に突入することがいかに愚かなことかを日本が的確にブッシュ政権に忠告できなかった問題や、誰もがアクセスできる情報に基づいても容易に判断できるパキスタンという脅威を事実上放置してきた問題などを正面から総括することが、日本の情報戦略を強化していく際の大前提とならねばならないであろう。そのパキスタンが今日直面している切迫した危機の問題については、後で改めて触れることにしよう。

第六章　日本外交のオルタナティヴを求めて

1 「国際貢献」の視座

何を「発言」するのか

本書の冒頭で見たように、自民党の新憲法草案「九条の二」では、創設される「自衛軍」が「国際的に協調して行なわれる活動」を行なうことができる、と規定されている。ここでは、国連安保理決議がなされた場合といった限定は一切付されていないから、「国際的に協調して」が現実には「米国に協調して」となり、「国際貢献」が集団的自衛権の行使としての「対米貢献」となってしまう可能性がきわめて高い。こうして、安保条約のもとで、日本の「自衛軍」が「血を流す貢献」を行なうという、現行憲法では許されない事態が展開されることになる。

ところで、集団的自衛権という課題の重要性は、それによって安保条約の「片務性」を脱却して「双務性」を実現し、「発言権」を獲得するところにある、とされる。それでは、「発言権」が獲得されたとして、一体何を「発言」しようとするのであろうか。イラク戦争を例にとれば、米国と「肩を並べて」武力行使をなすことが可能となった場合、日本は米国に対し、この戦争について、どのような「発言」をなそうとするのであろうか。これまで通りの「支持」

を繰り返すのであろうか。

いま安保条約をいかに位置づけるかという問題は、それがグローバルな性格を帯びるほどに、「テロとの戦い」や大量破壊兵器の拡散といった課題について、日米同盟がいかなる国際的な戦略や展望をもっているのか、その評価をめぐる問題である。集団的自衛権の解釈変更と憲法の改正によって、「同盟国」たる米国とともに、イラク戦争のような戦争に〝参戦〟することを通してこの課題の解決をめざすのか、あるいは別の戦略を構想するのか、いずれが世論を獲得できるか、という問題なのである。

本章では、大量破壊兵器の拡散問題を軸に、イラク戦争型の戦略に代わるオルタナティヴを、「テロの時代」という、全く新たな時代状況を踏まえつつ素描してみたい。そこで、まず問題を考える前提として、世界の脅威をいかに捉えるか、その理論的な枠組みの再検討から始めたい。

「新しい中世」論

かつて、冷戦後の世界を「新中世圏」「近代圏」「混沌圏」という「三つの圏域」に区分して捉える「新しい中世」論が展開された(田中明彦『新しい「中世」』)。なぜ「新しい中世」かと言えば、イデオロギー面では自由主義的民主制・市場経済が「普遍主義的イデオロギー」となり、政治面では「国連が権威を象徴し、アメリカが権力を代表する」という「権威と権力の分離」が生じ、かくして冷戦後の世界が「近代以前のヨーロッパ中世に似た世界システムを登場させている」と考えられるからである。

とはいえ、世界全体が「新しい中世」に入りつつあるのではない。「新中世圏」に属するのは、相互依存が深まり「強いナショナリズムの主張があまりみられなくなって」おり、「国と国との間の紛争が軍事化することがほとんどありえない」、欧米や日本などの「ＯＥＣＤ加盟諸国」なのである。

他方、第二の「近代圏」の特徴は、政治秩序は一応維持されているが自由主義的民主制と市場経済が未だに成熟しておらず、国家が「きわめて重要な主体として存続」しており、「国民の目をそらすために、対外危機を醸成する」など、「軍事行動の可能性が排除できない」というところにある。この圏域に属するのは、中国、ロシアの他に、東南アジア諸国、中東諸国など数多くの途上国の国々である。

第三の「混沌圏」は、アフリカや旧ソ連諸国、旧ユーゴスラヴィアなど、「内戦、難民の大量発生」が生じ、「秩序崩壊がきわめて大規模に起こっている」地域である。

こうした分析枠組みに基づくならば、世界の脅威は、「戦争を当然の手段とする」近代を脱していない「近代圏」の国々や、不安定な「混沌圏」の地域から生まれてくることになる。従ってこの議論では、当然のことながら、「第一圏域の基本的価値の同一性を象徴し、第二圏域や第三圏域の不安定性から第一圏域を守る制度として、日米安保条約の有効性は揺らいでいない」という論理によって、安保条約の存在意義が再確認されることになる。

すでに前章で詳しく検討したように、世界の脅威を考える場合、米国による「脅威の再生産」構造を指摘しなければならない。ただ問題は、米国だけにあるのではない。例として、「混沌圏」に属する旧ユーゴスラヴィアの紛争を見てみよう。同国では、一九九一年のスロヴェニア、クロアチア両共和国に続く九二年のボスニア・ヘルツェゴヴィナ共和国の独立宣言を経て、「民族浄化」と称された悲惨きわまりない泥沼の民族紛争が数年間にわたって展開され、その後一九九九年には、コソボ紛争へのNATO軍による「人道的介入」戦争が行なわれた。この旧ユーゴ紛争においては主たる責任が、「大セルビア主義」を掲げることによって各民族の民族主義を煽り立てる重大な契機を生み出した、セルビア共和国の指導者ミロシェビッチを始めとする各民族指導者にあったことは疑いがない。

旧ユーゴ紛争とヨーロッパ

しかし、「新中世圏」の国々、とりわけ地理的にも政治経済的にも深い関係をもつ旧EC（欧州共同体）諸国は、いかなる関わりをもったのであろうか。

一九九一年六月にスロヴェニアとクロアチアが相次いで独立を宣言すると、紛争の拡大を危惧したECは、当時共通外交を模索していたことから、同年九月に元英外相キャリントンを議長とするユーゴ和平会議を発足させ、和平の仲介に乗り出した。そこで、独立を認めるか否かの認定基準で焦点となったのが、「少数民族の立憲的保護体制の確立」であった。そしてこの点で、一二%以上のセルビア人をかかえているクロアチアについては、「少数民族保護が不十分」という理由で、独立の資格に欠けると指摘された。

ところが、同年一二月中旬のブリュッセルでのEC外相会議において、ドイツ外相ゲンシャーは、「〔クロアチアの独立を〕承認する方が戦争拡大を防げる」「これ以上はECの合意にとらわれない」と宣言し、各国外相が「バルカン戦争をエスカレートさせる結果になる」と批判したにもかかわらず、クロアチアの承認に踏み切る決意を表明したのである。かくしてドイツは同月一九日には、クロアチアの一方的な独立承認を閣議決定するに至ったのである。

こうした強引なドイツの〝抜け駆け〟を前にECも後追いを余儀なくされ、翌九二年一月一五日の外相会議で、ECとしてもクロアチアの独立を承認した。この承認は、ムスリム人、セルビア人、クロアチア人が混在するボスニア・ヘルツェゴヴィナの独立問題にも波及し、人権や民族的迫害への保護体制が何ら整えられていないにもかかわらず、同年四月六日には、ECは独立承認に踏み切った。かくして、時を待たずにボスニア内戦が火を噴き、周辺地域を含む泥沼の紛争に突入していったのである(拙論「地域紛争と「予防外交」」)。

紛争拡大外交

そもそもドイツはクロアチアをめぐって、かつてナチスの時代に傀儡《かいらい》国家「クロアチア独立国」を設けてセルビア人への大量虐殺を行なわせた歴史をかかえていた。当然のことながら、バルカンの悲惨な歴史体験を〝逆なで〟するようなドイツのクロアチア承認は、ミロシェビッチの反ドイツ・反クロアチアのキャンペーンに格好の材料を与え、民族間の憎悪をさらに燃え上がらせる結果を招くことになった。

かくして、紛争が泥沼化していくなかで各方面からドイツ責任論が噴出した。例えば和平会議議長のキャリントンは一九九二年一〇月、ドイツのクロアチア承認で「和平交渉の全過程が狂ってしまった」「旧ユーゴスラヴィア内戦の原因を作ったのはドイツだ」と厳しく批判した。また一九九三年六月のEC首脳会議に際しては、クリストファー米国務長官も、「早期承認が大きな間違いだった」「今直面している問題はクロアチアの承認から始まり、ボスニア・ヘルツェゴヴィナに至っている」とドイツ非難を展開した。

これらの批判には、自らもその一端を負っているはずの責任をすべてドイツにのみ押しつけるという意図を見ることができるが、とはいえ事態の本質を突いていることは間違いがない。つまり図式的に言えば、「混沌圏」に属する旧ユーゴスラヴィアの紛争は、「大セルビア主義」などの民族主義を煽るミロシェビッチら指導者たちに直接的な責任があるとしても、「新中世圏」に属するEC諸国、なかでもドイツが、燃え上がりつつあった火に恐るべき大量の油を注ぎこみ、取り返しのつかない大火災を引き起こすに至ったのである。

ちなみに、一九九五年に当時の国連事務総長ブトロス・ガリは、『平和への課題(補遺)』において、「予防外交」とは、「紛争に発展する以前に緊張を緩和させること、またもし紛争が発生した場合には、速やかに拡大を阻止し、根底にある原因を解決するために機能する」、そのような外交であると規定した。この規定に照らして総括するならば、ユーゴ紛争におけるドイツ外交は、「予防外交」とは正反対の「紛争拡大外交」であったと断ぜざるを得ない。

紛争や内戦でいえば、アフリカの事例を忘れることはできない。ルワンダの大虐殺を〝黙認〟したフランスの問題をはじめ、コンゴ(旧ザイール)やナイジェリアなど、アフリカの各地で頻発する内戦や紛争の背景には、旧植民地以来の利害関係や天然資源の開発をめぐる欧米諸国の〝介入〟が重大な背景をなしていることは、しばしば指摘されるところである。

先進諸国こそが問題

以上のように、イラク問題や旧ユーゴスラヴィア問題など、冷戦後の世界を揺り動かしてきた戦争や紛争の事例を振り返るとき、「新中世圏」に属するとされる日本が果たすべき「国際貢献」の方向性が明らかとなってくるであろう。それは再び図式的に言えば、「新中世圏」の国々が、不安定きわまりない「近代圏」や「混沌圏」の紛争の原因をつくったり、紛争の拡大に手を貸したりするような外交を許さず、ガリが主張するような「予防外交」を展開することであろう。つまり、従来の支配的なベクトルとは逆に、「新中世圏」の国々の外交それ自体を問い直す、という方向性である。このようなスタンスにたつことによって、「近代圏」に属する中国やロシアがアフリカや近隣諸国にむけて行なっている、「紛争拡大」を煽るような危険な外交を批判することができるのである。

一九九二年に最初にまとめた『平和への課題』においてガリは、「絶対的かつ排他的な主権の時代は過ぎ去った」という認識を強調し、この前提にたって紛争への対処を構想した。ただこの提言は現実には、紛争の舞台となる途上国の「主権」をのりこえる〝介入〟の正当化に使われてきた。しかし、以上に検討してきたことを踏まえるならば、〝介入〟されるべきは、先進諸国や大国の「主権」でもあろう。例えば一般的には、外交的承認や兵器輸出は国家の主権的行為であろうが、それが紛争を引き起こす重大な要因となるのであれば、国際社会は「予防外交」を展開してその「主権」に〝介入〟する必要があろうし、何よりもこれら諸国の市民が自国の政府に働きかけるべき課題なのである。

武器輸出三原則の放棄か

日本が果たすべき「国際貢献」については、「人間の安全保障」論を背景に、理論上も実践上も近年著しい進展が見られる「平和構築」論を始め、地球環境問題やグローバリゼーションに伴う諸問題など、様々なレベルからのアプローチが重要であろうが、ここでは、前章で検討した「脅威の再生産」というテーマと密接に関わる兵器(武器)輸出問題を検討してみよう。なぜなら、日本が長年にわたって堅持してきた武器輸出三原則が、実質的に放棄される恐れがでてきたからである。ちなみに、一九六七年に佐藤政権によって打ち出された三原則とは、「共産国」の場合、「国連決議で禁止されている」場合、「国際紛争の当事国」の場合に、「武器輸出は認められない」というもので、しばしば戦争を引き起こす米国を「国際紛争の当事国」とみなすか否かが議論となってきた。

ところが二〇〇四年一二月、小泉政権は新防衛大綱の閣議決定に際し、ミサイル防衛関連部品の対米輸出を三原則の「例外」扱いにすることを取り決め、三原則の緩和に踏み切った。しかも、当時の官房長官談話によって、ミサイル防衛以外については今後「案件ごとに個別に検討」するとされた結果、「事実上あらゆる分野が緩和の対象となる」という突破口が開かれることになった。さらに、この決定において重要なことは、その背景をなす論理である。

実は一九八三年に中曾根政権のもとで、米国に限って武器技術についてのみ供与を認めるという緩和が行なわれたが、その際の論理は「安保体制の効果的運用」にあった。ところが今回、新防衛大綱を準備する形でまとめられた先述の「荒木レポート」では、三原則の緩和の緊要性を説く論理は「効率的で競争力のある」防衛産業の構築、となっているのである。

さらに、これも先に触れた「第二のアーミテージ報告」では、小泉政権による三原則の緩和が評価されるとともに、「次のステップとして日本は残存する諸制限を廃止する」こと、民間の産業基盤が防衛技術に積極的に振り向けられるように奨励すること、ミサイル防衛のための特別予算を増額すること、が「勧告」されているのである。

つまりここにおいて、当然のことながら米国の軍需産業の利益を侵害しない枠内であろうが、日本の武器輸出三原則の全面的な撤廃が公然と求められているのである。実は、例えば二〇〇四年二月の衆議院憲法調査会において元防衛庁長官の中谷元は、憲法九条が戦後果たしてきた役割の一つとして、「武力に訴えないこと、武器を輸出して死の商人にならないことを遵守し、平和を希求する道義国家であり得たということ」を挙げていた。とすれば論理的には、三原則の撤廃は、「死の商人」への道が開かれ、日本は「道義国家」の〝品格〟を喪失する、ということになるのであろう。

兵器輸出国の責任

英国の国際戦略研究所の年次報告書『ミリタリー・バランス』(二〇〇七年度版)によれば、世界の兵器市場において、国連常任理事国五カ国にドイツを加えた六カ国だけで兵器輸出の八一%以上を占め、米国の占有率は四五・六%と他を圧倒している。ちなみに、兵器の「輸入大国」である中国も近年輸出に力を入れ始め、三・六%を占めている。

すでに「イラク・ゲート」事件の検討からも明らかになったように、いかに相手側の需要があっても、不安定きわまりない途上地域に兵器を売り込むことは「紛争拡大外交」に他ならない。仮に、イラン・イラク戦争が勃発したときにカーター元大統領が行なった両国への兵器輸出禁止措置が、レーガン政権やブッシュ・シニア政権においても堅持され、英国やフランス、旧西ドイツなどの国々もそれに従っていたならば、フセインがモンスターに〝成長〟することはなかったであろうし、今回のイラク戦争の口実となった大量破壊兵器問題も生じなかったであろう。

とすれば、湾岸戦争から引き出されるべき教訓は、フセインに兵器を供給した国々の責任を問う、「兵器輸出国責任原則」といった基本的な理念を立ち上げていくことにあったはずである。この原則に立つならば、フセインのクウェート侵略に対処するにあたっては、あくまでこれらの国々が第一義的な責任を背負い込まねばならないのであって、日本がカネを出すかヒトを出すかといったことは問題の外なのである。もちろん兵器の拡散防止や輸出管理に関しては複雑きわまりない制度的・法的な諸問題があり、具体化には大きな困難を伴うことは言うまでもないが、基本的な理念として、「予防外交」に徹するべき先進諸国や大国が果たさねばならない責任原則として追求されるべきであろう。問題の重要性は、仮に日本が兵器輸出に乗り出したときに、供給した兵器が使用されて当該地域に紛争が生じた場合に、日本は責任を負う覚悟があるのか、という問いかけを発することによって明らかとなるであろう。

いわゆる「新中世圏」のなかにあって、武器輸出三原則によって、少なくも公的には兵器輸出を行なってこなかった唯一の国と言える日本のユニークな立場こそが、「兵器輸出国責任原則」といった理念を掲げ、紛争地域への兵器輸出を規制する国際的な枠組み形成に乗り出す十二分の資格を日本に付与しているのである。何よりも、こうした「国際貢献」こそが、広く国際社会から歓迎されるはずなのである。

兵器輸出問題に関する新たな動向については、改めて最後に触れるとして、次節では、大量破壊兵器の拡散にいかに対処すべきかを検討していこう。

2　炭疽菌テロ事件の行方

葬り去られた事件

二〇〇一年九月一一日の同時多発テロは世界に大きな衝撃を与えたが、実はそれから一カ月も経ない時期に、さらに世界を震撼させる事件が起きていた。それが、一〇月初めから一一月にかけて発生した炭疽《たんそ》菌テロ事件である。各地の新聞社や連邦議会、最高裁判所、国務省など二十数カ所に白い粉を封入した手紙が送りつけられたが、これが炭疽菌であった。結果的には死者は五人に止まったが、肺炭疽の場合は致死率が九〇%を超えるとされ、現にレーヒー議員が受け取った手紙には、十万人を殺害できるような「驚くべき高純度」に精製された菌が封入されていた、と報じられた。この事件を受けて、欧米の製薬大手が治療薬の緊急増産に乗り出すなど、世界中がパニックに見舞われた。

当初、チェイニー副大統領をはじめブッシュ政権の閣僚達は、この事件をアルカイダやイラクのフセインと結びつける発言を繰り返していたが、やがて検出された遺伝子が、メリーランド州の「米陸軍感染医学研究所」が保管してきたエームズ株と呼ばれる炭疽菌の遺伝子と一致することが明らかになって以降は、事件についてほぼ沈黙を維持することとなった。否、より正確に言えば、「テロとの戦い」を呼号しながら、今日に至るまで、事件の全容を解明し犯人を追及するどころか、事実上は政治の表舞台から消し去ろうとしてきたのである。

二〇〇五年三月に米国土安全保障省は、五つの大都市で自動車を使って炭疽菌が散布されるならば、一万三千人もの死者がでるであろうとのシナリオをまとめたが、これは言うまでもなく、三千人の犠牲者を出した「九・一一」事件をはるかに超える恐るべきデータである。それでは、ブッシュ政権は米国史上最初の生物兵器テロ事件を、なぜ「葬り去ろう」とするのであろうか。

実は、奇しくも「九・一一」事件の一週間前の二〇〇一年九月四日に、『ニューヨーク・タイムズ』紙はブッシュ政権の驚くべき「計画」を報じた。それは、細菌戦争に効果的に対処できるワクチンを製造するとの理由で、これまでにない強力な炭疽菌を開発するというもので、ペンタゴンが年初より練り上げ、同月下旬には国家安全保障会議で最終的に認可される、というものであった。しかし、実はこの「計画」には前史があった。同紙によれば、クリントン政権の時代にCIAとペンタゴンが並行的に、オハイオ州やネバダ州において新型の炭疽菌の開発や「模擬」生物兵器爆弾の製造に乗り出していたのである。後に全貌を知らされて驚愕した同政権は、生物兵器禁止条約に背反することを何よりも危惧し、政権の末期に一部のプロジェクトは中断されたが、ブッシュ政権になって逆に加速されることになった、というのである。

生物兵器禁止条約の強化拒否

こうした「計画」が存在していたとすれば、それはおそらく、生物兵器禁止条約の「強化策」にブッシュ政権がいかなる対応をなしたかという問題と、密接な関係を持っているのであろう。一九七五年に発効した生物兵器禁止条約は「紳士協定」で、査察についての規定もなく実効力を欠いていたため、一九九五年から検証議定書をつくる多国間交渉が始まり、六年間の作業を経て、二〇〇一年春に詳細な草案がまとめられた。ところが、同年七月になってブッシュ政権は、草案ばかりか過去の交渉過程そのものを全面否定する方針を表明したのである。さらに、炭疽菌事件を経た同年一一月から開幕した条約の再検討会議では、当時の米交渉代表のボルトン国務次官は、冒頭から草案は「死んだ」と宣言し、ついに交渉は翌一二月に至って最終的に決裂を見た。米国がこの草案を「殺した」最大の理由は、草案に、「防衛的研究」も公開が求められ、米国も含む先進諸国の研究施設へも「任意の訪問調査」が可能となる内容が盛り込まれていたからであった。

疑惑国・米国

六年間にわたる多国間交渉の成果を葬り去ったブッシュ政権が代案として提示したのが、西側諸国などだけで強力な検証制度をつくり、「疑惑国」や「懸念国」への監視を強め封じ込める、という基本方針であった。しかし、二〇〇三年七月二日の『ニューヨーク・タイムズ』紙の報道は、米国自体が「疑惑国」に他ならないことを明確に示している。実は、イラク開戦を前にして当時のパウエル国務長官は、国連安保理の議場でイラクが開発したとする「移動式生物兵器製造施設」とされるものの「証拠」を提示したが、二〇〇四年四月になって「国際社会を欺いた」ことを謝罪した。ところが、米陸軍が極秘裏に、イラク戦争に備えた「訓練用」の名目で、二〇〇二年秋には移動式施設を完成させ、「模擬」施設にもかかわらず「肺に達する」炭疽菌を精製し散布する装置が配備されていたのである。つまり、イラクになかったものが米国にあったのである。

この「疑惑」は別としても、疑いなき事実は、二〇〇一年秋に発生した米国の炭疽菌テロ事件が全く未解明のまま放置されている、ということである。問題の重大性は、仮に日本においてサリン事件の犯人が未だに逮捕されていないとすれば、いかなる事態が生じているかを考えてみると、容易に想像がつくというものである。恐るべきサリン事件を経験した日本であるからこそ、政府は米国に対して、炭疽菌事件の解明を急ぐことを厳重に求めるべきであろう。ことは米国一国に止まる問題ではなく、国際的なテロの拡散問題の根幹に関わっているのである。この事件の解明を放置したまま、「テロと戦う」有事体制や国民保護体制の緊要性をいかに叫んでも、およそ説得力をもたないであろう。

化学兵器禁止条約

生物兵器禁止条約に対してブッシュ政権がとった基本方針は、実は九七年に発効した化学兵器禁止条約においても見ることができる。それを象徴するのが、化学兵器禁止機関のブスターニ事務局長の〝解任劇〟である。そもそも彼は、一九九七年に事務局長に就任して以来、イラン、リビアなど六〇カ国近くの新規加盟を実現し、二〇〇〇年には全会一致で再選されていた。ところが、ブッシュ政権になってから米国は同事務局長への批判を強め、その大きな影響力を行使して、遂には二〇〇二年四月に彼を解任するに至ったのである。

それでは、国際機関の長が任期半ばで解任されるという「前代未聞の外交的クーデター」は、なぜ生じたのであろうか。ブッシュ政権の怒りを買った理由としては、まずブスターニ事務局長が、イラクの条約加盟を熱心に働きかけたことにあった。それが仮に実現していれば、査察の手続きが開始され、フセインの打倒をめざすブッシュ政権の独自戦略の障害になりかねなかったからである。さらに重要な理由は、同事務局長が、他の加盟国と同様に米国に対しても査察を求めていたことであった。実は米国は一九九八年に、「安全保障上の脅威となる場合」には査察を拒否できるという、条約違反になりかねない国内法を設けていたのである。ただクリントン政権下においては、一定の査察は行なわれていたのであるが、ブッシュ政権になって改めて化学工場への査察が求められてから事態は一変することになった。

特権と差別性の論理

以上において、生物兵器禁止条約と化学兵器禁止条約の問題を検討してきたが、ここで確認されるべきことは、両条約とも加盟国の「対等性」が大前提になっている、ということである。従って、査察体制が整備されるならば、どの国も平等に査察を受けなければならない。ところが、ブッシュ政権の基本方針は、あたかもNPT（核不拡散条約）で認められている「特権的な立場」を両条約にも持ち込むことが企図されているようである。つまり、自国だけは査察を受けないという「特権」と「差別性」の論理が、実質的に両条約にも導入されることになったのである。

二〇〇三年五月、ブッシュ大統領は大量破壊兵器の拡散を阻止するため、航空機、船舶などの臨検を可能とするPSIという構想を提起し、同年九月に創設諸国が「阻止原則宣言」に合意して発足した。このPSIの眼目は、「拡散懸念国」が大量破壊兵器やその関連物資を輸出したり輸入したりするのを阻止するために、「有志連合」が結束して行動する、というところに求められる。この論理は先に見たように、生物兵器禁止条約の検証議定書を「殺した」際のブッシュ政権の論理そのものである。条約の核心をなす「対等性」の原理を〝骨抜き〟にした上で、炭疽菌テロ事件で表面化したような、自らの「懸念」は問われることのない新たな枠組みとして形成されたのが、PSIに他ならないのである。

対等性の回復を

ブッシュ大統領がPSIを提起したのは、イラク開戦から二カ月後のことであった。いまやイラク戦争を正当化する論理の破綻が明確になった以上、この構想の前提が問い直されなければならない。再構築の基本は、二〇〇一年一二月に立ち戻ることである。ボルトン国務次官が非難した生物兵器禁止条約の検証議定書の草案が立脚していた、加盟国の「対等性」の原則に基づいた国際的な制度化という方向性である。そもそも「懸念国」という概念は、言うまでもなく「ならず者国家」や「悪の枢軸」のレトリックを〝援用〟したものである。こうした概念を「敵の敵は友」という論理とからませつつ恣意的に適用することが、大量破壊兵器の拡散阻止に役立つどころか、逆に拡散に拍車をかける恐れがあることは、核兵器の場合を見ても明らかであろう。

3　「一九八一年」からの再構築

核拡散のダブル・スタンダード

核開発のレベルでは、後に述べる北朝鮮とともに、イランの核開発問題が切迫した状況を迎えている。国連安保理で一連の制裁決議が可決されてイランへの〝締め付け〟が徐々に強化される一方で、米国やイスラエルが武力攻撃に踏み出すことも危惧されている。仮にこうした先制攻撃が行なわれるならば、中東全域を巻き込んだ戦争に発展する可能性がきわめて高いと言われている。もちろんイラン国内においては、アハマディネジャド大統領の強硬路線に反対する声も高まってはいるが、核の平和利用の権利というレトリックはなお強い影響力を保持している。それでは、イランの核開発問題の解決の道筋はどこに見出されるのであろうか。

ここできわめて重要な示唆を与えてくれるのが、イランの反体制派で民主化運動のリーダーの一人、アクバル・ガンジーの主張である。彼はジャーナリストとしてイランのイスラム体制の腐敗を追及して六年間も投獄された後、二〇〇五年四月に釈放され、世界新聞協会から「自由のための金ペン賞」を与えられるなど世界的にも著名な存在である。その彼が二〇〇六年八月二日、米紙『インターナショナル・ヘラルド・トリビューン』において、次のように論じた。ガンジーはまず、平和を愛好するイラン人は米国のイランへの軍事介入には反対であり、「そのような戦争は我々の自由のための闘いにはいかなる助けにもならない」との立場を鮮明にする。なぜなら、イランの体制側が、そうした戦争を、「反対派のあらゆる発言権を抑圧する口実として利用」するからである。それでは、いかにしてイランの核開発を止めることができるのであろうか。彼は、「核拡散をめぐる西側のダブル・スタンダード」が妨げになっていると指摘し、「中東全域が非核地帯を宣言しなければならない」のであり、イランの核開発への反対は何よりも、「地域的、さらにはグローバルな核軍縮という、より一般的な要請に基礎づけられねばならない」と主張するのである。

イスラエルの核保有

ガンジーが指摘する「核拡散をめぐる西側のダブル・スタンダード」とは言うまでもなく、イランの核開発に反対しながらイスラエルの核保有は黙認している欧米諸国の立場である。

イスラエルが一〇〇発近い核弾頭を保有しているであろうことは専門家の常識となっており、例えばゲーツ米国防長官は、指名承認を控えた二〇〇六年一二月五日の上院公聴会で、イスラエルを「核保有国」と呼んで波紋を広げたのである。仮に、イスラエルの核保有がNPTに加盟していないから認められるというのであれば、核保有をめざす国々がNPTからの脱退をはかる衝動に駆られることは当然のところである。核不拡散の論理を正当化するうえで、イスラエルの核保有は致命的とも言える問題をはらんでいるのである。

特権の起源

それでは、欧米諸国は、なぜイスラエルのこうした「特権的立場」を認めてきたのであろうか。二〇〇六年四月三〇日の『ワシントン・ポスト』紙は、「イスラエルの核爆弾の語られなかった歴史」と題する特集記事で、公開された資料などに基づいて、その背景を次のように描き出している。イスラエルの核開発は一九五〇年代の終わりあたりから開始されたが、米国は一九六八年の秋頃までには、同国の核保有を最終的に確認することとなった。同年七月にはNPTが調印されており、翌六九年に発足したニクソン政権にとっては、イスラエルの核にいかに対処すべきかが難しい課題となり、政権内部でも議論が分かれた。

転機となったのは、一九六九年九月二六日のニクソン大統領とイスラエルのメイア首相の会談である。同首相はニクソンの求めに応じて事実上核保有は認めたが、同時にホロコーストの歴史にも言及して「心理的な意味での抑止力」の必要性を強調し、核はあくまで「最後の手段」であることをニクソンに確約した、とされる。この会談の〝舞台裏〟では、米国にとって何より重要なことは、イスラエルが核保有を公然化させず、あくまで不明確な態度を維持することである、とのキッシンジャー補佐官による一連のニクソン宛の覚書が重要な役割を果たした、と言われる。つまり、イスラエルが核保有を秘密裏におく限り米国もそれを黙認する、という「了解」が成立した訳である。かくして当然のことながら、イスラエルは翌七〇年三月に発効したＮＰＴに調印することはなかった。

イスラエル・ロビー

これが、核拡散問題をめぐる米国の「ダブル・スタンダード」の〝起源〟である。一九七〇年代の半ばからアラブ諸国が中心となって、イスラエルの事実上の核保有を非難しつつ、中東全域の非核地帯の設置を求める国連総会決議を繰り返しまとめあげてきた。また米国内部からも「ダブル・スタンダード」を批判する声が高まったが、歴代の米政権は黙認の態度を貫いてきた。それでは、なぜ今日に至るまで、このような対イスラエル政策が米国で堅持されてきたのであろうか。この重要かつ興味ぶかい問題について、米国を代表する現実主義の理論家として著名なシカゴ大学教授のミアシャイマーとハーバード大学教授のウオルトが、二〇〇六年三月に連名で英国の雑誌に掲載した論文「イスラエル・ロビー」で解明を行なった(John Mearsheimer and Stephen Walt, "The Israel Lobby", *London Review of Books*, 23 March 2006)。

彼らの最大の問題関心は、米国が過度にイスラエルに肩入れすることが、「米国の安全保障ばかりではなく、世界の他の多くの国々の安全保障を危険にさらしている」にもかかわらず、米国の歴史に例がないほどに「他の国家」(イスラエル)の利益のために支援を続けるのはなぜか、ということである。彼らは、問題の「テロとの戦い」に関して、「パレスチナのテロリズムは、むやみやたらにイスラエルや西側諸国に暴力を行使しているのではなく、その大部分はヨルダン川西岸やガザ地区を植民地化するためのイスラエルによる長期にわたる作戦に対抗するため」なのであり、従って、テロ組織はイスラエルには脅威であっても、米国にとっては脅威ではない、と指摘する。ところが、「イスラエルの敵は米国の敵」と位置づけられることによって、米国はアルカイダのようなテロ組織の標的になってしまったのである。

さらに、ユダヤ人が悲劇的な歴史を体験してきたことは事実であるが、戦後イスラエルがパレスチナ人に対して行なってきた過酷な占領と抑圧、残虐行為を見るならば、米国が無条件的にイスラエルを支援する道徳的根拠は見出されないと指摘する。つまり、「戦略的な観点からも道徳的な側面から見ても、米国のイスラエルに対する支援は説明できない」のである。そこで彼らが、この〝異様〟とも言える米国の対イスラエル政策を読み解く鍵として提示するのが、「イスラエル・ロビー」の存在なのである。

彼らは、政界、経済界、メディア、宗教界、学界を始め、各界に張り巡らされた「イスラエル系圧力団体」の活動を詳細に論じ、これらのロビー活動こそが、米国のイスラエル政策や中東政策に圧倒的な影響力を及ぼしてきたことを明らかにしている。今回のブッシュ政権によるイラク戦争についても、イラクの脅威は「米国にとって脅威ではなかった」にもかかわらず、開戦決定の背後では、「イスラエルとロビー団体による圧力が決定的な要素となった」と断じているのである。ミアシャイマー達がこの論文を米国で公にできなかったところにも、米国における「イスラエル系圧力団体」の影響力の大きさが如実に示されていると言えよう。

オシラク空爆非難決議

それでは、こうした米国とイスラエルとの〝異様な関係〟に規定された、核不拡散問題における「ダブル・スタンダード」を打破する道筋は、どこに見出されるのであろうか。実はその手掛かりは、第一章で詳細に論じた、一九八一年六月のイスラエルによるオシラク空爆に対する安保理の非難決議に存在するのである。

改めて空爆の背景を見ておくならば、イラクは一九七〇年以来、NPTの加盟国であり、IAEAとの「保障措置協定」に基づいて、空爆五カ月前の同年一月には査察を受け、全く問題のないことが確認されていた。そのイラクを、NPTに加盟していないイスラエルが、核開発疑惑を口実に攻撃を加えたのである。

だからこそ、六月一九日の安保理に招かれたIAEAの事務局長は、イスラエルの攻撃は「IAEAの保証措置システムへの攻撃でもある」と激しく同国を批判したのである。かくして、同日に採択された安保理決議四八七では、イスラエルのイラク攻撃を憲章違反と非難したばかりではなく、「NPTの基盤をなすIAEAの保障措置レジーム全体への深刻な脅威」と断じたのである。その上で、イラクを始め他のすべての国々、とりわけ発展途上の国々が核不拡散の原則を前提に平和目的のために核開発計画を確立していく「奪うことのできない主権的権利」を確認する一方で、「イスラエルが直ちにその核施設をIAEAの保障措置のもとにおくこと」を求めたのである。

つまり、すでに一九八一年六月の段階で安保理は、イスラエルがNPTに加盟し、「直ちに」IAEAの査察を受けるべきことを決議していたのである。以来四半世紀を経ても、米国の「ダブル・スタンダード」を背景に、この安保理決議が無視され、イスラエルの核保有が黙認され続けるなかで、インドやパキスタンがNPTの枠外で核保有国となり、北朝鮮がNPTから脱退し、イランの核開発が深刻な事態を迎えているのである。

中東の非核地帯化へ

以上のように見てくるならば、核不拡散体制を再構築していく方向性は明らかであろう。それは言うまでもなく、一九八一年から再出発することである。今やイスラエルを「例外扱い」する正当性の根拠はどこにもない。現に、二〇〇七年三月二四日のイランに対する安保理の追加制裁決議では、インドネシアや南アフリカなどの主張を取り入れざるを得なくなり、イランの核問題の解決と「中東の非核地帯の実現」とをリンクさせる一文が盛り込まれたのである。

このイスラエル問題において、日本は重要な位置を占めているはずである。なぜなら日本は、かつてナチス・ドイツと同盟を組んだとはいえ、ユダヤ人への組織的な抑圧政策には手を染めてはいなかった。この点で、ユダヤ人差別の歴史をもち、〝加害者意識〟に苛まれてイスラエルに対して強い態度に出られない西欧諸国とは違うのである。アラブ世界とも友好関係を維持してきた日本は今こそ、イランに安保理決議を遵守するように求めると同時に、イスラエルに対しても、一九八一年六月の安保理決議に基づき、「直ちに」NPTに加盟しIAEAの査察を受けるべきことを、先頭にたって呼びかけるべきであろう。

この決議を踏まえることによって、ガンジーが主張するような、イランの核開発問題を中東全域、さらにはグローバルな核軍縮への方向性のなかで解決していく、という展望が生まれてくるのである。イスラエルを含めた中東の非核地帯化という方向性に踏み出さないならば、事態は、サウジアラビア、エジプト、アルジェリア、モロッコなどの核開発競争をもたらすことになろう。イラン問題とともに、これまで先進諸国の間ではタブーとされてきたイスラエルの核問題に切り込むことによって核不拡散の方向性を提示していくことこそ、唯一の被爆国であり非核三原則を堅持し核不拡散を「国是」としてきた日本が、中東地域で果たすことのできる重要な「国際貢献」のはずなのである。

ところで、正真正銘の核保有国という点から客観的に見るならば、イラン以上にはるかに切迫した脅威が存在するのは、前章で検討したパキスタンに他ならない。

「核の闇市場」の問題は別として、今日の最大の焦点は、ムシャラフ大統領が倒れた時に誰がパキスタンの核を管理するのか、というところにある。すでに述べたように、二〇〇三年一二月にはムシャラフは二回にわたって暗殺をしかけられたが、特に一四日の場合は、米国の諜報機関が提供した装置から発せられた妨害電波によって、テロリストが仕掛けた爆弾の起爆が数秒間遅れたことが彼の命を救った、と報じられるほどに危ういものであった。

ムシャラフ暗殺未遂

キューバ危機の分析で著名な国際政治学者であり国防次官補も勤めたグレアム・アリソンは、二〇〇四年に著した『核テロリズム』において、この暗殺未遂事件をふり返り、対テロリズムの専門家が当時、「ムシャラフ護衛の内部防衛線が破られた」との結論に達していたことを紹介している。その上で、「もし、今後ムシャラフの暗殺が成功するようなことがあれば、イスラム原理主義政権が核兵器を保有することになるという恐怖が現実のものとなる」と指摘する。

ところがアリソンによれば、米国の当局者は、パキスタンが核兵器を複数の場所に拡散させているため、兵器や核分裂物資などの核兵器庫がどこにあるのか把握していないことを認めた、というのである。つまり、「ムシャラフ政権顚覆の際に、パキスタンの核兵器庫を押さえることは不可能」という危機的状況に直面していたのである。

それでは、その後パキスタンの情勢は改善されたのであろうか。全く逆に、事態は不安定さを増しているのである。二〇〇六年一〇月には、米国訪問から帰国したばかりのムシャラフに対するクーデターの陰謀が発覚し、四〇人近い逮捕者を出したが、その大部分は空軍の中堅将校たちであった。より深刻な事態は、二〇〇七年秋に予定されている大統領選挙を前に、陸軍参謀長との兼任を続け、民主化に背をむけ、強権を発動する同大統領に対する抗議活動が各地に拡大し、権力基盤がいよいよ揺らぎ始めたことである。さらに、アフガニスタンにおいてタリバンの復活が著しいが、パキスタンとの国境地帯を拠点とする彼らが、パキスタンの軍や政府機関に対しても攻勢を強めているのである。

深まる不安定さ

隣国インドとの関係においても、パキスタンの不安定さは深まるばかりである。その契機は、二〇〇六年三月に米印首脳間で合意され、同年末に米議会で関連法案が可決された米印原子力協定である。この協定によって、米国はインドに対し核技術や核燃料の輸出が可能となるが、それと引き換えにインドが約束したのは、国産原子炉一六基のうち八基だけをＩＡＥＡの保障措置のもとに置くというもので、残る八基の軍事用施設については査察を拒否しているのである。

今後は、核実験の凍結を求めた条項をインドが受け入れるか否かが焦点となるであろう。ただいずれにせよ、この協定は、すでに核弾頭にして約一〇〇発分にあたる兵器級プルトニウムを保有しているとも言われるインドの核保有を名実ともに認めた上で、パキスタンなど他の国々との間に新たな「差別」の構造を生み出すものである。ブッシュ大統領から「インドとパキスタンは異なる必要性と歴史を持つ国だ」と突き放されてインドとの間で「差別」されたパキスタンは反発し、早くも二〇〇六年七月には、年間で核弾頭四〇〜五〇発分に相当するプルトニウムを抽出できる高性能原子炉の建設に着手したことが明らかとなった。

米国が、経済的な利害や中国に対する戦略的な思惑からインドを例外扱いとして締結した協定が、パキスタンの核開発に拍車をかけ、そこにテロリストがアクセスする危険性が急速に増大しているのである。ただ、この米印協定が発効するためには、日本やフランスなど原子力供給グループの規則改正が必要で、ここで歯止めをかけることができるのであり、日本の対応が注目される。

南アジアの核の国際管理へ

二〇〇五年一月、米上院の公聴会において、パキスタンで過激派が権力を握った場合に米国はいかに対応するのか、と問われたライス国務長官は、「我々はその問題を認識しており、対応策を練り上げているところである。ただ詳細については、こうした公開の場で語るつもりはない」と答えた。仮にこの対応策が、かねて指摘されてきたように、米国一国でパキスタンの核を管理下におくということであれば、アルカイダに扇動のための格好の機会を与え、反米闘争がパキスタン全土を覆い、逆に過激派が核を入手する危険性が増大するであろう。
先の著作でアリソンはこの問題について、米国一国による対処ではなく、パキスタンの核開発にも深く関係してきた中国を引き込み、米中が分担しあって核兵器と核物資のセキュリティを支援するという方向性を打ち出すならば、ムシャラフも受け入れる可能性があると指摘している。しかし、仮にこのような枠組みが形成されるとすれば、当然のことながらインドも発言権を要求するであろうし、ＩＡＥＡも重要な役割を求めることになるであろう。ということは、パキスタンの核管理が一定の「国際管理」という性格を帯びざるを得ない、と言えるのである。しかし、このような性格が強まれば強まるほど、パキスタンは隣国インドの核についても、同様の管理形態を求めることになるであろう。

非核地帯化へ

今日の情勢においてイランの核開発問題が焦眉の課題となっているが、例えば二〇〇七年二月には米情報当局が、イランが核兵器に転用可能な濃縮ウランを得るまでには「最低四年が必要と推定している」と報じられた。これに対し、パキスタンの危機は「今そこにある危機」なのである。核とテロリズムが結合するという、今日の世界で最も恐るべき危機がパキスタンに存在しているのである。しかし、この危機を脱する道を突き詰めていくならば、右に見たように、南アジアの核の「国際管理」という方向性しかない。日本が果たすべき「国際貢献」は、核問題に新たに「二重・三重基準」を持ち込み、核開発競争を激化させる米印協定を仮にも追認することではなく、南アジアの核の「国際管理」から非核化の方向性を大胆に提示していくことであろう。

もっとも、ここで「唯一の被爆国」という論理を単純に出しても説得力はないであろう。なぜなら、米国の「核の傘」に守られた日本に発言権はない、という答えが返ってくるであろうからである。かくして問題は、日本の核政策それ自体を検討する段階に至った。

4　日本の核武装論と「中国の脅威」

「核の傘」への不信

北朝鮮が核開発を進めるに伴い、日本も独自に核武装に踏み切るべき、という主張が見られる。日本の核武装論については、「独立国家の証し」といった〝精神論〟も含め様々な議論があるが、軍事レベルで言えば、仮に北朝鮮が米本土に届くような核ミサイルを開発した場合に、米国は自国の一部を犠牲にする危険を冒してまで日本を守るであろうかという、「核の傘」への根本的な不信感に基づいて必要性が論じられる。つまり、日本を守るために米国が北朝鮮に対して核を使用したり威嚇したりすると、北朝鮮が米本土に報復核攻撃をかける恐れがあり、こうした危険を冒してまで米国は日本を防衛しないであろうから、日本独自の核武装が必要だ、という論理なのである。

しかしこうした考え方は、歴史的な視野を欠いたものと言わざるを得ない。なぜなら、中国の場合を考えてみると、第四章で見たように中国は、すでに一九六六年には、日本や韓国を含むアジア全域を射程内におく東風二号と呼ばれた核ミサイルの開発に成功していた。さらに、グアムにまで届く東風三号やハワイを射程内に入れる東風四号を経て、遂に一九八一年には、米本土に達する大陸間弾道ミサイル(ＩＣＢＭ)東風五号を開発したのである。とすれば、先の核武装論者の論理に従えば、遅くとも一九八一年の段階から、日本に対する米国の「核の傘」は機能していなかった、ということになる。さらに旧ソ連の場合を考えると、米国に二年も先んじて、一九五七年には世界初のＩＣＢＭであるＳＳ-６の開発に成功していたのであるから、冷戦時代の長い期間を通して、実は米国の「核の傘」は無きに等しかった、ということになる。それでは、中国や旧ソ連は、なぜ日本に核ミサイル攻撃をかけてこなかったのであろうか。

同様の問題は、他ならぬ北朝鮮についても指摘できる。すでに検討したミサイル防衛の問題と重複する部分があるが、改めて北朝鮮による日本へのミサイル攻撃という「差し迫る」脅威をめぐる議論を検討してみよう。まずこの問いを発する前提として、次の問題への回答が準備されていなければならない。つまり、実は北朝鮮はすでに一九九三年には能登半島近くにまで達するノドンの発射実験を行なっているのであり、さらに一九九八年にはテポドンが日本の上空を飛び越えていったのである。いわゆる、「理性」を欠いた「ならず者国家」であって「核の傘」は機能せず、しかもミサイル防衛も全く未整備であったにもかかわらず、なぜ北朝鮮は日本にミサイル攻撃をかけてこなかったのであろうか。

「ならず者国家」の課題

以上のような問いかけを踏まえるならば、どうやら問題は、ミサイルの射程距離や破壊力といった軍事技術的レベルの問題ではなく、すぐれて政治外交的レベルの問題であることが明らかになってきたようである。この問題は、テロリストの場合と対比させると一層明瞭になってくる。「敵」の脅威を意思と能力という二つの側面から見た場合に、「土着的テロリズム」とは違い、「失う国」を持たないアルカイダのようなテロリストにあっては破壊活動を展開することが自己目的であり、その意味で意思についてはきわめて明確である。従って、破壊の手段さえ獲得できるならば、自滅をも覚悟して直ちに攻撃にうって出るのである。要するにここでは、いかに大きな破壊力をもった軍事的能力を獲得できるかが決定的な問題なのである。

これに対し主権国家の場合は、いかに「ならず者国家」とか「悪の枢軸」といったレッテルを貼られた国家であっても、テロリストとは違い、最重要の課題は「体制の生き残り」にある。従って、獲得される軍事的能力はあくまで、「体制の生き残り」のための手段なのである。北朝鮮がミサイル開発や核開発について、常に「自衛の手段」と主張していることは、過激なレトリックは別として、事の本質を示しているのである。とすれば、北朝鮮のミサイル攻撃の可能性が議論される場合には、いかなる意思に基づいたものであるかが、「体制の生き残り」という課題との関係で突き詰められる必要があろう。こうしてこそ、今日よりはるかに切迫した国内情勢をかかえる一方で、日本の防衛体制が未整備であった九〇年代に、なぜ北朝鮮は日本に攻撃を仕掛けてこなかったのか、という問いかけの意味も明らかになってくるであろう。

核の持ち込みで抑止？

ところで、日本の核武装に至るまでの〝過渡期〟において、「核兵器を持たず、作らず、持ち込ませず」という非核三原則のうち「持ち込ませず」の原則を見直し、米国の核の「持ち込み」を〝公的に〟認めることによって北朝鮮に対する抑止力を強化するべき、という議論がある。しかし、そもそも米国の本土にある世界最強の核戦力をもってしても抑止できず、「核の傘」も機能しない相手に対し、日本に持ち込まれる程度の核によって、なぜ抑止が可能なのであろうか。

結局のところ、北朝鮮という貧弱な国が開発するかも知れない核ミサイルによって「核の傘」が機能しなくなるという「最悪シナリオ」を前提とする限りは、少なくとも理論的には、いかなる手段を講じようとも抑止は不可能という結論にならざるを得ないのである。

日本の核武装の帰結

こうした「最悪シナリオ」よりも、日本の核武装がもたらすであろう真に恐るべき「最悪シナリオ」を検討しておかねばならない。日本が核武装に踏み切るということは、ＮＰＴから日本が脱退することを意味する。唯一の被爆国であり、非核三原則を「国是」として掲げ、世界に核不拡散を訴えてきた日本が脱退するということは、NPTに加盟する多くの国々もそれにならい、核武装の権利を主張する突破口を作り出し、NPT体制は名実ともに崩壊に向かうであろう。日本が核武装するならば、北朝鮮はもとより、韓国や台湾や中東諸国をはじめ、各国が核武装に走ることを止める論理は一切失われるであろう。いかに日本が北朝鮮という「ならず者国家」の脅威に直面していることを訴えても、韓国は日本の脅威を喧伝するであろうし、中東諸国は「国家テロ」のイスラエルやシーア派イランの脅威を持ち出して核武装を正当化するであろう。

問題はそこに止まらない。仮にサウジアラビアやエジプトなど、事実上の独裁体制を維持する一方で、国内に多くの過激派を抱え込んでいる国々が核を保有するならば、テロリストにとって核にアクセスできる機会は飛躍的に高まるであろう。核とテロとの結合という、今日における最も恐るべきシナリオが、現実性を帯びる可能性が一気に増大するのである。日本における核武装論は、北朝鮮や中国との関係においてしか問題を見ていないという、致命的な視野の狭隘さによって特徴づけられているのである。

ミサイル防衛の起源

ところで、日本の核武装を主張する論者の多くは、ミサイル防衛が機能しないことを強調する。他方で政府は、日米の「軍事的一体化」を掲げつつ、軍事情報に関する「秘密保全協定」の締結や武器輸出三原則の大幅緩和など国内体制の整備を急ぎ、ミサイル防衛を強力に推し進めようとしている。そこで、日本がミサイル防衛に踏み込んでいった〝歴史〟を改めて検証しておくことは重要であろう。

一九九八年八月三一日、北朝鮮はテポドンの発射実験に踏み切った。このテポドン発射については、米国は遅くとも二週間前には情報を摑んでいた。しかし、三カ月前のパキスタンの核実験の場合とは全く異なり、公式には一切の抗議も行なわなかった。そればかりか、日本が発射直後に国交正常化交渉の凍結などの対抗措置をとり安保理での非難決議を求めたのを尻目に、ニューヨークで米朝高官協議を続け、九月一〇日には、KEDO(朝鮮半島エネルギー開発機構)の枠組み維持や軽水炉本格工事の再開などを取り決めた「包括合意」に達したのである。かくして一〇月二一日には日本は、KEDO協力も含め北朝鮮との一切の「協力の凍結」を打ち出していたにもかかわらず、KEDOの建設費分担に関する理事会決議に署名を余儀なくされ、一〇億ドル分の拠出に同意するに至ったのである。

他方で米国は、国務省がテポドン発射を北朝鮮の声明と同じく「人工衛星」の実験であったとの公式見解を明らかにしていたにもかかわらず、九月二〇日の日米安全保障協議委員会においてミサイルの脅威を強調した。かくして日本は、米国の強い要請を背景に、ミサイル防衛の前身であるTMD(戦域ミサイル防衛)構想の共同研究に参加することを正式に確認したのである。わずか三週間前には、防衛庁がTMD関係予算の次年度計上を断念することもあり得るという状況であったことを考えれば、文字通りの急転直下の展開であり、ペンタゴンの関係者が「金正日のプレゼント」と快哉を叫んだと言われる所以なのである。以上が、今日にまで続く〝ミサイル防衛狂想曲〟の〝起源〟に他ならない。

米朝関係と日本

ＴＭＤへの参加に関する了解覚書への署名と、ＫＥＤＯへの拠出に関する署名という二つの署名を日本が同時的に行なったところに、日本・米国・北朝鮮の相互関係の構図が象徴的に示されていると言えよう。北朝鮮の脅威が米国によって煽られる一方で、日本の〝頭越し〟に米朝間の関係改善が進んでいくというこの構図は、二〇〇六年の北朝鮮による再度のミサイル発射実験と核実験以降の三国間の関係にも、基本的に引き継がれているようである。

ちなみに、二〇〇七年一月下旬、北朝鮮の港からエチオピアの貨物船が、戦車の部品や軍事物資を積んで出航したことをＣＩＡが確認した。しかしブッシュ政権は、前年一〇月の対北朝鮮制裁決議に反し、しかも北朝鮮が外貨を獲得することを知りつつ、これを黙認する決定を行なった。なぜなら、当時エチオピア軍が、ソマリアのイスラム過激派と激戦の最中にあったからである(『インターナショナル・ヘラルド・トリビューン』二〇〇七年四月九日)。今や米国にとって北朝鮮は、「敵」(アルカイダ)との闘いにおける「友」となったかのようである。

中国の脅威に備える?

ところで、ミサイル防衛については、北朝鮮の脅威が前面に出されながらも、その真のターゲットは中国である、と言われる。なぜなら、北朝鮮の場合は「体制の生き残り」が当面の至上課題であろうが、中国の場合はそうしたレベルをはるかに越えて、「帝国的支配」という〝野心〟に駆られているのではないか、と危惧されるからである。たしかに、中国の国防費は過去一九年間にわたって二桁の伸びを記録するばかりではなく、中味がきわめて不透明で、実際の額は数倍になると見られている。例えば『ミリタリー・バランス』(二〇〇七年度版)は、二〇〇六年の中国の国防費を、公表額の三倍以上の一四兆八〇〇〇億円近くに達すると推定している。とすれば、米軍再編の真の狙いが、やがては軍事超大国となるであろう中国におかれていると考えて間違いはないであろう。こうして、日米が「軍事的一体化」を強化して中国の脅威に備える、という構図が生み出されることになる。

米国と中国の間で

しかし実は、こうした構図は過去に繰り返し見られ、そのつど日本は〝はしごを外される〟という苦い経験を経てきたのである。典型的な例は、言うまでもなく一九七一年七月一五日の「ニクソン・ショック」である。六〇年代を通して米国の「中国封じ込め」政策に最も忠実に協力してきた日本の〝頭越し〟に、ある朝突如として、敵同士であるはずの米国と共産中国が「和解」に達したことを知らされる羽目に陥ったのである。かつての「独ソ不可侵条約」の事態を彷彿とさせるこの事件は、「外交的真珠湾」とか「戦後日本外交最大の屈辱」と呼ばれることになった。

問題は、ニクソンのような共和党政権に限られたものではなかった。一九九八年四月中旬に橋本政権は周辺事態法案を閣議決定し国会に上程した。しかし、それからわずか二カ月を経たばかりの六月下旬から七月にかけて、民主党のクリントン大統領は、一〇日間近くにわたって中国訪問を行なう一方で、日本には一歩たりとも立ち寄ることはなかったのである。すでに見たように周辺事態法は、日本の「アジア化」や「多国間枠組み」への傾斜を危惧したナイやアーミテージが、一九九六年の中台危機などを弾みに、中国の脅威に対処するためとして、安保再定義を推し進めた〝巻き返し〟の所産であった。ところが、この重大な法案が審議されようとしているまさにそのときに、他ならぬ米国が、「ジャパン・バッシング」どころか「ジャパン・パッシング」をして中国との関係強化に乗り出したのである。クリントン訪中からおよそ八カ月を経て、小渕首相は国会で、周辺事態の際に米国から要請があれば「日米同盟関係の本旨に照らして」協力することを約したが、どうやら「同盟関係の本旨」という根本的な問題について、日米首脳は異なった考え方を持っているようである。

台湾をめぐる「三つのノー」

米国と中国の間で翻弄されるかのような日本の姿は、台湾の場合にも見られるようである。クリントンは右の訪中にあたって、台湾の独立を認めず、二つの中国という立場をとらず、国際機関への台湾の加盟を支持しないという「三つのノー」政策を打ち出した。しかし二〇〇一年に発足したブッシュ政権は当初、こうした政策を継承しないと言明し、逆に中国を「戦略的競争者」と呼び、台湾を勇気づける立場を明らかにした。

ところが、「九・一一事件」がおこると方針転換を始め、やがて中国を「責任ある利害共有者」(ステイク・ホルダー)と位置づけ、一連の米中首脳会談において台湾の独立を認めないなど、実質的に「三つのノー」政策をとるに至ったのである。この結果、例えば二〇〇六年五月には、中南米訪問にむかう陳水扁総統に対して、アンカレッジでの給油しか許可しないという「受け入れ待遇を過去最低レベル」にまで落とす対応を示し、台湾当局は「屈辱的な扱い」と激しく非難する事態も生まれた。ブッシュ政権のこうした姿勢は徹底している。二〇〇七年二月には、陳政権が台湾の主要な公営企業の名称を「中国から台湾」に変更する方針に本格的に乗り出すと、「現状の一方的変更」につながるとして、「名称変更を支持しない」との見解表明まで行なったのである。

もちろん米国は、中国を「責任ある利害共有者」という側面だけで見ている訳ではない。たしかに、北朝鮮問題をめぐり、六者協議という場で北東アジアにおける〝仲介者〟としての役割を中国に委ねてその能力をはかり、あるいは米中海軍による合同軍事演習や制服組トップの相互訪問など、日中関係よりはるかに先に進んだ軍事交流を展開している。しかし他方では、中国の軍事大国化に最大の警戒心をもち、対応戦略を常に練り上げていることは疑いを入れない。

中国の衛星破壊実験

ところが、この米中の軍事的対抗局面に、重大な衝撃を及ぼす事態が生まれた。それは、二〇〇七年一月一一日に中国が、八五〇キロの高度にある自国の気象衛星を弾道ミサイルで破壊する実験に成功したことであった。過去二回の失敗を経て行なわれたこの実験が、中国軍部の〃独走〃であったか否かという問題は、ここでは重要ではない。かつて米ソ二国だけが成功し、一九八五年以来行なわれてこなかった衛星破壊を成功裏に実施する能力を中国が持った、という点が決定的に重要なのである。なぜなら、今日の米国の軍事戦略は、総数四〇〇基以上の三分の二近くを占める、早期警戒衛星や偵察衛星、通信衛星などの軍事衛星によって支えられているからである。ラムズフェルドが主導した軍事革命は、これらの衛星網の存在を大前提としており、アフガン戦争やイラク戦争の緒戦の圧倒的勝利はその〃成果〃であった。またミサイル防衛も、これらの衛星網なしには全く機能し得ない。

中国の実験は、まさに米国の軍事戦略の最も根幹の部分であり、「米国家安全保障の柔らかな下腹」(マーキー下院議員)を突いた訳であって、ブッシュ政権は直ちに「宇宙の軍事化」を懸念するとして中国に批判の矢をむけた。しかし実は同政権は、二〇〇六年八月に新たな「国家宇宙政策」を策定しており、本格的な「宇宙の軍事化」に踏み出していたのである。

それは、宇宙における米国の活動の自由を堅持し、敵対勢力による宇宙の利用を排除する能力を高め、米国の宇宙利用の自由を制限するような国際取り決めは拒否し、核エネルギーの宇宙配備を推進する、というものであった。つまり、「宇宙の独占」こそがブッシュ政権の「宇宙政策」の核心をなしており、だからこそ、国連や中国・ロシアなどが主張してきた、「宇宙兵器」の禁止条約の策定に抵抗してきたのである。

宇宙戦争の時代へ?

今や米国が中国の衛星破壊ミサイルに対抗するためには、現在のミサイル防衛システムでは不可能であって、宇宙空間に配備した「宇宙兵器」によって宇宙から破壊するシステムを構築しなければならないが、そうなれば「宇宙の戦場化」という、名実共に「宇宙戦争」の時代に突入することになる。この「宇宙戦争」にはらまれる歴史的な意味合いについて、先に見た『パルチザンの理論』においてカール・シュミットは、次のように指摘している。

シュミットは「現代のパルチザン」について、科学技術の発達に伴う兵器の高度化によって、あたかも「犬が高速道路から消滅する」のと同じようにパルチザンも消滅していくであろうという見方を、「技術主義的楽観主義」と批判する。なぜなら、米ソの対決は「絶滅手段」としての核を生み出したが、「現代の絶滅手段がつねに正しい人のものである」という保証はどこにもないからである。兵器が技術工業的に高度化すればするほど、「環境に適合した新しい種類のパルチザン、すなわち工業パルチザン」が生まれてくる可能性があるからである。

さらにシュミットは、技術的進歩が「宇宙的空間への航行」を可能とするばかりではなく、それに伴って「政治的征服のための無限の新しい挑戦」が始まると予言する。つまり、土地取得から海洋取得に続いて、「新しいスタイルの空間取得」をめぐる闘いが生まれてくる訳である。ただ、この「無限に大きな新しい空間をめぐる巨大な競争」が、国家間だけで展開される保証はどこにもない。なぜなら、ここでも「新しい種類のパルチザンは、世界史に新しい種類の空間取得を伴った新しい章」を付け加える可能性があるからである。以上の考察にたってシュミットが結論づけるのが、「宇宙パルチザン」の登場に他ならないのである。

「宇宙テロ」の可能性

今日の情勢を見るとき、半世紀近くも前に展開されたシュミットの洞察の先見性は驚嘆すべきものである。彼はすでに、パルチザンが「自動小銃、手榴弾、プラスチック爆弾」につづいて、「やがては戦術的核兵器を使って闘う」であろうと予見しているのである。今日の用語を使うならば、シュミットは明確に、「核テロ」と「宇宙テロ」の時代がくるであろうことを洞察していたのである。

たしかにふり返ってみれば、かつては一部の大国を除き、大部分の国家にとって核開発それ自体が手の届かないものであった。しかし今や多くの国々が少なくともその能力を持ち、「核兵器の作り方」がインターネットで流される時代となった。かくして、テロリストが核にアクセスする恐れが現実のものとなっているのである。とすれば、やがて「宇宙兵器」が開発される場合に、それがテロリストによって「取得」され、「宇宙テロ」が生まれる可能性を否定することはできないであろう。

こうしたシュミットの洞察に従うならば、中国が衛星を破壊するミサイル実験に成功したことは、我々が全く新たな時代に突入したことを意味している。例えば現在、日本政府は航空自衛隊の次期主力戦闘機として米国のF22の導入を検討している、と報じられている。高いステルス性能と超高速巡航能力をもつF22が仮に日本に配備されるなら、東アジアの軍事バランスが崩れ、新たな軍拡競争が展開されると懸念されている。こうした軍拡競争が従来と異なった危険性をはらんでいるのは、事態がエスカレートするならば、その行きつく先において、核兵器の使用も含む「宇宙戦争」にまで至る可能性も否定できないからである。しかもその過程で、「核テロ」や「宇宙テロ」が発生する恐れも排除できないのである。なぜなら、次々と開発されるであろう新たな破壊力をもったハイテク兵器が、いつまでも国家の管理化におかれるという想定自体が、「非現実主義」であり幻想にすぎないからである。

宇宙兵器禁止条約を

皮肉なことに、「テロの時代」がもたらすかも知れないこうした「最悪シナリオ」が、我々に発想の根本的な転換を求めている。日本はまず、「第二のアーミテージ報告」も「勧告」している「宇宙基本法」の制定を、明確に断念すべきである。

なぜならこの「基本法」は、これまで日本が宇宙開発にあたって前提としてきた、「非軍事目的」に限るという原則の撤廃をめざすものだからである。逆に日本は、改めて「非軍事」原則を高く掲げ、中国、米国、ロシアに働きかけ国連にも呼びかけて、宇宙兵器の禁止条約の締結に向けたイニシアティヴをとるべきである。これこそが、「宇宙戦争」と「宇宙テロ」を防ぐことができる唯一の道なのである。

5　北東アジアの「非核の論理」

さらに日本は、核軍縮についても主導権を発揮しなければならない。ここで、北東アジアの非核地帯構想の論理を検討しておこう。

北東アジア非核地帯構想

かねてより主張されてきた北東アジアの非核地帯構想の基本的な枠組みは、日本に加えて韓国と北朝鮮を含む朝鮮半島全域を非核地帯と設定し、米国と中国、そしてロシアという三つの核保有国が、非核を宣言したこれら三国に核の使用や威嚇を行なわず安全を保証する、というものである。さらにこの構想の「客観的前提」として、一九九二年の「朝鮮半島非核化共同宣言」と日本の「非核三原則」の存在が挙げられる。この構想は、非核保有国が個別に核大国の「核の傘」のもとにおいて安全をはかるのではなく、地域的な枠組みにおいて、核に依存する構造を減少させ、ひいては核保有の意味自体を失わせる、という展望にたったものと捉えるべきであろう。

吉田茂の「非武装・中立地帯案」

このような構想との関係で興味深いのは、かつて一九五〇年秋に吉田茂の指示のもとに作成された「北太平洋六国条約案」である。この条約案は、吉田が同年一〇月二一日に西村条約局長に対して、「(イ)日本・朝鮮の非武装、(ロ)一定地域の空軍基地の撤廃、(ハ)西太平洋における海軍の縮小を基幹とする安全保障条約案」の作成を命じ、軍事専門家グループの数度にわたる会合を経てまとめられたものである。

この条約案は、大韓民国と中華民国がそれぞれ朝鮮半島と中国全土を支配するという前提のもとに、日中韓の三カ国に英米ソを加えた六カ国を締約国とする全一一条からなるものである。日本と韓国の「非武装」を規定し、南はフィリピン・台湾から北はベーリング海峡にまでいたる広大な「軍備制限地帯」を設けて「一切の爆撃機を常時駐屯せしめてはならない」とし、中ソ両国が韓国との国境線に沿う一〇〇キロの範囲を「非軍事化」するとともに、ソ連には「南千島を完全に非軍事化」することを求める、というものであった。

この「非武装・中立地帯案」は、たしかに「夢想的な案」ではあったが、元京都大学教授の高坂正堯は「宰相吉田茂論」において、「権力政治的要素を考慮し、かつ日本が軍備をもっていないという事実から出発した場合、唯一の現実的な案であったように思われる。とくに、日本の中立について、日本の周囲もまた、中立無防備地帯とされなくてはならないと彼が考えたことは、彼がこの時期において力の役割を重視したことを示している」と評した。つまり、きたるべき日米交渉においてダレスが再軍備を求めてきた場合に、憲法九条を前提として日本の安全保障をはかっていくために提示できる対案は、ソ連の軍事力の現状をも踏まえた〝軍事的合理性〟にたちつつ、九条の枠組みを「周囲」に拡大していくというこの条約案しかない、ということなのである。現に軍事専門家グループの会合に加わった河辺虎四郎元陸軍中将は、「日本は、平和に生きるという新しい行き方に徹底し、あるいは、交渉上のかけひきとしてでも、第一に、非武装を生かしてゆくことを考ゆ《(ママ)》べきである」と述べていたのである（拙著『安保条約の成立』）。

NPT再構築の論理

こうした高坂のような評価にたつならば、今日の時代状況において、日本の非核三原則を「周囲」に拡大して、「非武装・中立地帯」ならぬ「非核地帯」を構築していくという構想を、「権力政治的要素」を考慮しつつ提示していく、ということは不可能ではないはずなのである。とはいえ、こうした構想の前にいま立ちはだかっているのが、言うまでもなく北朝鮮の核開発問題である。ただ、北朝鮮の核実験をうけて二〇〇六年一〇月一四日に採択された安保理決議のなかに、右の構想を推し進める〝手掛かり〟を見出すことができる。

この決議は、北朝鮮の核実験を「核兵器の不拡散に関する世界的な制度を強化するための国際的な努力に対する挑戦」と位置づけ、ＮＰＴへの復帰を北朝鮮に求め、さらには「核兵器及び既存の核計画」の完全な放棄を要求している。つまり、北朝鮮の核開発を放棄させる課題を、世界的な核不拡散体制の強化という文脈において捉え、ＮＰＴの再構築をはかろうとしているのである。とすれば問題は、ＮＰＴが形骸化していく端緒をなしたイスラエルの核保有から再出発しなければならないであろう。同国は一九八一年の安保理決議に従い、直ちにＮＰＴに加盟しＩＡＥＡの査察を受けなければならない。さらに、インドとパキスタンは、一九九八年の安保理決議に従い、やはりＮＰＴに加盟しなければならない。

こうした過去の安保理決議に遡ることがなぜ重要かといえば、核不拡散の論理にたてば、北朝鮮が核を保有してはならないのと同様に、イスラエルも保有してはならないからである。さらに、米国が時々の〝ご都合主義〟によって、こうした安保理決議が事実上反故《ほご》にされる事態を黙認してきた経緯を見るならば、北朝鮮についても、決議に謳われた核の「放棄」ではなく、「凍結」で譲歩する恐れがあるからである。ＮＰＴを再構築するためには、これらの安保理決議の明確な履行が、改めて求められなければならない。

北朝鮮核問題から非核地帯へ

さて、北朝鮮に対する安保理決議には、次の重要な一節がある。それは、ＮＰＴの加盟国に対して、「条約上の義務」を遵守することの必要性が強調されたことである。つまりは、核保有国に対して「核軍縮」に務める義務が、改めて喚起されたと言えるであろう。この「核軍縮」への方向性において重要な意味をもつのは、二〇〇五年九月一九日にまとめられた六者協議の「共同声明」である。そこでは、「朝鮮半島の非核化」という目標が再確認され、北朝鮮が「核兵器及び核計画」の放棄を約束する一方で、米国が北朝鮮に対して「核兵器又は通常兵器による攻撃又は侵略を行なう意図を有しないことを確認した」と明記されているのである。

北東アジアの非核地帯構想にあっては、この米国による攻撃の放棄の「確認」を、同じ核保有国である中国やロシアにも求めなければならない。つまり、非核保有国である韓国や日本に対し、両国が攻撃を加えないことの「確認」である。こうした「確認」が三核保有国によってなされるならば、次の段階として、「核兵器使用禁止協定」の締結が求められねばならない。その際の論理は明快である。生物兵器や化学兵器が使用されてはならないのと同様の論理において、核兵器も使用されてはならないのである。こうして、核兵器を保有することの意味が根底から問われることになる。

日本の役割

先に検討したように、日本の核武装は、ＮＰＴ体制の崩壊をもたらすばかりではなく、そもそもそれ以前に、米国がそれを許さないであろう。とすれば、日本は「非核を生かす」道を進むべきである。中東全域の非核地帯化や南アジアの核の「国際管理」

を働きかけるとともに、北東アジアの非核地帯構想を、米中露の核保有国の〝手を縛る〟枠組みの形成としてとらえ、やがては核保有の意味それ自体を失わせていく方向性をもった戦略的な方針として設定すべきである。奇しくも、二〇〇七年二月の六者協議で採択された合意文書では、五つの作業部会を設置することが決められたが、その第五の作業部会が取りくむ課題が「北東アジアの平和及び安全のメカニズム」なのである。たしかに、六者協議の今後は予断を許さないが、長い歴史的なスパンでみた場合、こうした地域的な協議の場が設定され、さらには北東アジアの「平和と安全のメカニズム」について具体的に議論する場が設けられたということは、画期的な意味を持っているのである。

日本は、日米二国関係の視点に〝呪縛〟されつつ国際問題に対処するという「戦後体制」から脱却し、こうした展望をもった非核地帯構想を、この作業部会に提起すべきであろう。

6　戦後体制と「沖縄問題」

「戦後体制からの脱却」とは

北東アジアという地域レベルで新たな安全保障の枠組みを構想するにあたっては、そこに占める沖縄の位置が再検討されねばならない。まず、「戦後体制からの脱却」が叫ばれる場合、そこでは沖縄はいかに位置づけられているのであろうか。そもそも、ここで言われる「戦後体制」とは何であろうか。憲法改正が最大の課題と位置づけられていることから見れば、「戦後体制」とは第九条を軸とした憲法体制であり、その憲法体制からの脱却が急がれている、ということであろう。しかし、すでに第二章で検討したように、半世紀前の自民党結党当時は、「戦後体制」とは、憲法体制とともに、米軍占領によって「押しつけられた」安保体制も含まれており、この両体制からの脱却が課題となっていたのである。とはいえ実は、こうした認識においても、本質的な問題が欠落しているのである。問題のありかを明らかにするために、改めて憲法九条の成立の背景を見ておこう。

極東委員会の権限

一九四六年二月の上旬にマッカーサーの指示のもとに、GHQ民政局が一〇日間ばかりの〝突貫工事〟で現行憲法の草案をまとめあげ、日本側に〝押しつけた〟ことは良く知られている。しかし、なぜマッカーサーはそれほど急がねばならなかったのであろうか。それは、同月二六日からワシントンにおいて、極東委員会が発足することになっていたからである。それではマッカーサーにとって、なぜこの委員会の発足が決定的な意味をもっていたのであろうか。それは、一九四五年末のモスクワにおける英米ソ三国外相会議において調印された「モスクワ協定」によって、極東委員会が日本占領の最高政策決定機関と位置づけられ、「憲政機構の根本的変更」も同委員会の権限に属するものとされたからである。「憲政機構の根本的変更」とは、明治憲法を改正し新憲法を制定することを意味しており、同委員会にこの制定作業が委ねられることになったのである。現にマッカーサー自身、一月末には、「憲法改正問題は、モスクワ協定によって私の手を離れてしまった」と、〝あきらめ〟の心境を語っていたのである。

しかし、極東委員会を構成する一一カ国の中には、ソ連はもちろんカナダ、オーストラリアなどを始めとして天皇制に批判的な国々が多く、制定作業が開始されれば天皇制の維持はきわめて困難になることが予測された。そこで、この〝苦境〟から脱する方策を提示したのが、奇しくも、明治憲法の骨格を残す「松本案」を『毎日新聞』がスクープしたのと同じ二月一日に、ホイットニー民政局長がマッカーサーに送った「憲法の改革について」と題するメモであった。

そこでホイットニーは、憲法改正について「極東委員会の決定があれば我々はそれに拘束される」ことを再確認したうえで、同委員会が発足する以前であれば最高司令官たるマッカーサーは「いかなる措置もとりうる」と述べて、同月二六日までの〝空白期間〟に「既成事実を作ってしまおう」(吉田茂)という、一種の〝脱法行為〟を主張した。だからこそマッカーサーにあっては、〝突貫工事〟によって憲法改正草案をまとめて日本側に提示し、あたかも日本政府が策定した草案のように〝装う〟ことが至上命題となったのである。こうして、日本政府が「日本案」を閣議決定したのは、まさに極東委員会が発足する二月二六日その日であった。

以上の経緯に明らかなように、天皇制を支持する立場にたつならば、マッカーサーに心からの感謝を捧げこそすれ、非難する根拠は皆無なのである。マッカーサーによる「押しつけ」がなければ、憲法改正作業は極東委員会に委ねられ、おそらく天皇制は廃止されていたであろう。

ところで、マッカーサーは日本占領の最高司令官であるはずなのに、なぜワシントンに最高政策決定機関が設けられたのであろうか。それは、連合国間において、彼の日本占領における排他的管理権が正式に承認されていなかったからである。そこでモスクワ会議において、ソ連による旧東欧枢軸諸国への排他的管理権を〝緩和〟させることとの〝妥協の産物〟として、極東委員会の設置が取り決められたのである。日本の憲法改正問題は、冷戦の開始を前にした当時のヨーロッパ情勢と深く関係していたのである(拙著『イタリア占領史序説』『日本占領管理体制の成立』)。

日本の非武装と沖縄の米軍支配

さて、マッカーサーは、占領を円滑に遂行するうえで昭和天皇の「権威」を利用するために、天皇制の維持に執念を燃やした訳であった。しかし、天皇制を残すことについて国際社会の了解を取りつけるためには、日本の非武装が不可欠の前提となった。この意味で、憲法九条と一条は〝ワンセット〟として位置づけられたのである。しかし実は軍事的なレベルで見ると、マッカーサーにあっては日本の非武装は沖縄の米軍支配と表裏の関係にあった。例えば、憲法施行から一カ月後の一九四七年六月、マッカーサーは外国人記者に対し、「沖縄諸島は、我々の天然の国境である」「沖縄に米国の空軍を置くことは日本にとって重大な意義があり、明らかに日本の安全に対する保障となろう」と述べた。さらに翌年二月、来日したワシントンの要人達に対し、沖縄を要塞化すれば「日本の本土に軍隊を維持することなく、外部の侵略に対し日本の安全性を確保することができる」と主張して、彼らの日本再軍備論を批判したのである(古関彰一『「平和国家」日本の再検討』)。

その後、日本は再軍備の道を歩むことになったが、マッカーサー発言に鮮明に示されているように、実は憲法九条は沖縄の犠牲のうえに成り立ってきたのである。同じく、安保体制が、在日米軍基地の七五%近くを、狭い沖縄に押しつけて維持されてきたことも周知のところである。すでに見たように安倍首相は安保体制について、米国は日本を守るために「血を流す」のに、日本は米国のために「血を流す」体制になっていないと「片務性」を強調するが、こうした認識は、沖縄の歴史と現実を捨象したうえに成り立っている、と断ぜざるを得ない。

そもそも沖縄は、本土防衛の「捨て石」として四人に一人が「血を流す」という悲惨な沖縄戦を体験した。それればかりではなく、戦後の米軍支配のもとで、強制的な土地収用、米軍の作戦行動や演習に伴う「事故」、米兵による凶悪犯罪、基地「公害」などによって、大量の「血を流す」という歴史を歩んできたのである。一九九五年の少女暴行事件は、本土復帰から二十数年を経ても、米軍支配の実態が変わっていないことを内外に明瞭に示したのである。

沖縄の犠牲という戦後体制

つまり「戦後体制」とは、憲法体制においても安保体制においても、沖縄の犠牲のうえに成立してきた「体制」に他ならない。とすれば、真の意味での「戦後体制からの脱却」とは、このような沖縄を犠牲にしてきた「体制からの脱却」でなければならないはずである。沖縄に犠牲を押しつける枠組みを残したままでの「脱却」とは、実はその本質において、「戦後体制の継続」そのものなのである。

たしかに米軍再編のプロセスにおいて「負担の軽減」が強調され、一定の基地の返還と一部海兵隊のグアムへの移転が計画されている。しかし、すでに第三章で見たように、実態は、沖縄北部への基地の〝集中化〟と〝恒久化〟である。自衛隊の〝肩代わり〟も含め、沖縄のもつ軍事基地としての機能は、将来的にも維持されることは明らかである。そもそも一つの島や地域が、六〇年以上にわたって過重な軍事的負担を一方的に押しつけられる事態が続くということは、世界的にも〝異常〟であり、このままいけば「戦後体制」は、一世紀にもおよぶ恐れさえ予測される。

「ブルースカイ・ポジション」

こうした事態をもたらすことになった背景として注目されるべきは、いわゆる「ブルースカイ・ポジション」の論理である。これは、一九五三年一二月に、米国が奄美大島を日本に返還するに際して発せられた声明において、ダレスが、「極東に脅威と緊張の状態が存在する限り、米国は沖縄における現在の権力と権利を行使し続ける」と述べて、沖縄を返還しない根拠づけとしたことに由来する。つまり、「極東アジアの国際的緊張が解消され青空が広がるまでの間」米国は沖縄を保有する、という論理である(拙論「占領と排他的支配圏の形成─「沖縄問題」の国際的位相」)。

ここで戦後の沖縄の法的地位に触れておくならば、対日講和条約第三条において、米国を「唯一の施政権者とする信託統治制度の下におく」という提案を米国が国連に提出するまでの間、米国は沖縄に対して全権を行使できる、と規定された。ところが、アイゼンハワー政権は一九五三年六月の国家安全保障会議において、沖縄の信託統治化を国連に提起しないとの決定を下した。さらに、一九五六年一二月には日本は国連加盟を果たしたが、国連憲章七八条は、「信託統治制度は、加盟国となった地域には適用しない」と謳っている。つまり、米国が沖縄の軍事支配を続ける国際法上の根拠は、少なくともこの時点で失われていたのである。にもかかわらず日本の政府は、無人島であればいざ知らず、八〇万人ちかい人々が暮らす「固有の領土」の返還を、自ら求めることはなかったのである。

否、返還を求めるどころか、ダレスの「ブルースカイ・ポジション」の論理を事実上受け入れ、一九五七年の岸・アイゼンハワー共同声明以来、日米首脳間の共同声明でこの論理が繰り返し用いられた。そして、一九六七年一一月に沖縄返還の方向性を確認した佐藤・ジョンソンの第二次共同声明において、ようやく削除されたのである。しかし、米軍再編をめぐる一連の日米共同声明のなかで、アジア太平洋における「国際テロや大量破壊兵器の拡散」といった脅威が強調され、沖縄の米軍基地の戦略的重要性が再確認されたことは、実質的に「ブルースカイ・ポジション」の論理が生き続けていることを如実に示している。

平和戦略の拠点として

沖縄が米国と日本本土の「犠牲」となり続ける「体制」から脱却するためには、この「ブルースカイ・ポジション」の論理が打破されねばならない。問題の核心は、発想の根本的な転換である。つまり、日米両政府が地政学の見地にたって沖縄を「軍事的要石」として位置づける限りは、この論理の呪縛は半永久的に続くであろう。全く逆に、沖縄を北東アジアに「ブルースカイ」を実現させていく「要石」と位置づけることによって初めて、この論理を打破できる展望が生み出されてくるのである。つまり、沖縄を「軍事戦略の拠点」から「平和戦略の拠点」に組み替えることによって、沖縄の安全が確保され、それが同時に日本本土と北東アジアや東アジアの平和を確保する道につながる、というような戦略的構想を練り上げることである。

ここでようやく、前節で検討した北東アジアの「非核の論理」と「沖縄問題」が接合する地平が開かれてくるのである。北東アジアの非核地帯構想は、日米、米韓、中朝などの二国間同盟によって特徴づけられてきた北東アジアに、多国間の地域的安全保障の枠組みを構築しようとするものである。具体的に検討されている非核地帯に関する「条約案」によれば、条約の履行を確保するための委員会と下部機関としての執行委員会の設立が予定されている（梅林弘道「モデル『東北アジア非核兵器地帯条約』」）。北東アジアの「要石」に位置する沖縄が、この委員会の設置拠点として最適の場であることは、言をまたないであろう。

アジアの歴史認識と沖縄

さらに沖縄は、新たな安全保障の枠組みを形成していくための前提をなす、北東アジアの信頼醸成を促していく上で、最もふさわしい拠点となり得るであろう。歴史認識問題や教科書問題がたえず軋轢を生み出している状況において、沖縄が歩んできた独自の歴史は、それらの問題を克服していくうえで沖縄に重要な役割を与えるはずなのである。なぜなら、沖縄の歴史は、朝鮮半島や中国のそれと重なり合う体験を経ているからである。

例えば、悲惨な沖縄戦が最終段階を迎えた一九四五年六月二二日に、昭和天皇はそれまでの徹底抗戦方針を自ら転換し、ソ連を介して連合国側と和平交渉にはいる決断を行ない、近衛《このえ》文《ふみ》麿《まろ》元首相を「天皇の特使」としてモスクワに送る手はずを整えた。その際、近衛がまとめた和平交渉の「条件」には、「固有本土の解釈については、最下限沖縄、小笠原島、樺太を捨て……」と明記されていた。つまり、本土防衛のための「捨て石」として地獄の地上戦を強いた日本の指導層は、今度は和平交渉のために、沖縄を日本から「捨てる」という選択に踏み切ったのである。結局、近衛の訪ソは実現できず敗戦を迎えたが、戦後になって米軍が沖縄を支配すると、昭和天皇が一九四七年九月に米側に送ったメッセージでは「二五年から五〇年、あるいはそれ以上」、吉田が一九五一年一月末にダレスに提示した案では「九九年」もの長期にわたって沖縄を米国に〝貸し出す〟、という方針が明示されていたのである。

日本本土の政府から半植民地のように扱われてきた沖縄は、植民地支配をうけた朝鮮半島や侵略をうけた中国に相通ずるような歴史を体験してきたのである。つまり、日本に属しながら同時にアジア諸国の歴史認識を〝共有〟できる沖縄は、偏狭なナショナリズムを克服し、新たなレベルにおいて「歴史の対話」を重ねていくことができる最適の場なのではなかろうか。東アジアにおける歴史認識問題に関する共同研究機関の設置など、沖縄を信頼醸成の拠点として打ち出していくことを考えるべきである。

自主憲法で何が変わるのか

憲法改正によって初めての「自主憲法」が制定される、と喧伝されている。それでは、はたして「自主憲法」の誕生によって、沖縄の何が変わるというのであろうか。沖縄に外交「自主」権でも付与されるのであろうか。イラク戦争の総括もされずに進められる米軍再編による、新たな恒久基地の設置を拒否する「自由」が認められるのであろうか。いずれは〝はしごを外される〟であろう新たな「中国封じ込め」政策の軍事拠点となることを、拒否する「自由」が与えられるのであろうか。嘉手納に配備されたPAC-3の「迎撃」によって、核爆発や核汚染にさらされる危険から逃れる「自由」が生み出されるのであろうか。そもそも、沖縄が基地のない「ちゅら(美しい)島」となって初めて、日本は「美しい国」になり得るのではなかろうか。

武器貿易条約へ向けて

今や時代の構図は根底から変わりつつある。地球温暖化という文字通り地球的な脅威を前に、個別の国家や企業レベルの利益追求から、排ガスにかかわる経済活動全般のグローバルな「総量規制」に向かうべきことが、理想ではなく現実の課題として突きつけられているのである。しかもこの「総量規制」は、産業革命以来の人類の長い歴史において初めて、生産活動ばかりではなく、我々のライフスタイルや思考方法そのものの変革をも求めているのである。

軍事の領域においても、重大な構図の変化を見てとることができる。二〇〇六年一二月六日の国連総会において、通常兵器の移転を規制する武器貿易条約(ATT)の制定にむけて、具体的なプロセスに踏み出すことが決議されたのである。このATTは、小型武器だけではなく、重兵器も含めた通常兵器全般の移転を規制しようとするもので、二〇〇七年に各国の見解をとりまとめ、二〇〇八年には設置される政府間専門家グループによる報告書が提出される、というプロセスが予定されている。

かつてであれば理想論として片付けられたであろうこうした決議が、なぜ国連総会で採択されるに至ったのであろうか。それは、資源や領土、民族や宗教などの対立を契機に地域紛争が生ずるとしても、主要な兵器輸出諸国から世界中に売り込まれる膨大な兵器が、紛争を激化させ泥沼化を招くという認識が、広く〝共有〟されることになったからであろう。

提起されている条約案によれば、すべての武器移転は当該国家の管理下におかれ、国連憲章や国際法に違反する行為に使用される、あるいはその恐れのある場合には移転は制限されねばならず、「地域の治安や安定に悪影響を与える」場合も制限が検討されねばならない、と規定されている。逆に言えば、紛争が生じた場合には兵器を供給した国々の責任が問われる、ということなのである。仮にこのATTが一九八〇年代に制定されていたならば、イラクのフセインがモンスターになることはなかったであろう。つまり、ATTの制定にむけた国連総会決議は、湾岸戦争のトラウマから未だに抜け出せない日本に対し、真の「国際貢献」のあり方を提示しているのである。ちなみに、この決議は一五三カ国の賛成という圧倒的多数で採択されたが、ただ一国反対したのが、日本の「同盟国」たる米国であった。

「テロの時代」の意味するもの

以上に見たようなグローバルな構図の変化を踏まえつつ、改めて、最大の政治的焦点となっている集団的自衛権とはいかなる課題であるか、を考えてみよう。集団的自衛権は日本の場合、具体的には米国との「共通敵」の存在を前提とする。しかし、すでに検討してきたように、米国による「敵」の設定は、たえず変動する。政権交代の場合に限らず、同じ政権期にあっても、「敵の敵は友」という短絡的な対応によって、「昨日の敵は今日の友」となり、その度に日本は〝はしごを外され〟振り回される。仮に集団的自衛権の行使が容認されることになれば、米国が次々と設定する「敵」との戦争に日本も参加を強いられることになるであろう。こうした事態が生じるのは、結局は日本の外交が、安保条約に象徴される日米二国間関係という、戦後を規定してきた枠組みによって呪縛され続けてきたからである。

こうした呪縛から脱するためには、独自の核武装といった狭隘な孤立路線ではなく、地域レベル、さらにはグローバルなレベルにおいて、誰が「敵」で何が脅威かを自らの見識で設定し、自らの戦略方針を練り上げることである。皮肉なことに、「テロの時代」の到来が、地球環境問題と同じく、我々に根本的な発想の転換を促している。先に見たATTに関する国連総会決議は、絶えざる兵器開発と膨大な兵器輸出がテロリストに格好のアクセスの機会を与え、破滅的な結果がもたらされることへの重大な危惧をも背景にしている。

とすれば、憲法九条をもつ日本が提起すべき戦略方針は、すでに検討してきた核兵器や化学兵器、生物兵器はもとより、通常兵器をも含めて、大国に特権を与えることなく、グローバルな「総量規制」にむかう方向でイニシアティヴを発揮することであろう。今や幸か不幸か、こうした戦略方針を理想論として冷笑することを許さない「テロの時代」に直面しているのである。我々は今こそ、半世紀も前に「核テロ」や「宇宙テロ」といった未曾有の脅威の出現を予見したカール・シュミットの警告に、厳粛に耳を傾けなければならない。

そもそも、あれこれの国を「仮想敵」と設定して軍拡競争で勝ち抜こうという発想それ自体が、「テロの時代」以前の発想なのである。なぜなら、日本のみならず各国家が、兵器開発や軍備拡大を自らの管理下において遂行できるという想定そのものが、米国の炭疽菌テロ事件を見るまでもなく、今や幻想に他ならないからである。こうした時代認識にたつならば、米軍再編やミサイル防衛や兵器輸出や、そして集団的自衛権といった議論が、「テロとの戦い」を呼号しつつも、その発想の本質において、いかに矮小なものであり、安保条約に呪縛されてきた「戦後体制の継続」そのものであるかは、火を見るより明らかであろう。

おわりに

一九六〇年の安保改定に際し、マッカーサー駐日米大使は、日本の世論が「中立主義」に向かうことを危惧して、集団的自衛権問題の「棚上げ」を主導した。しかし他方で彼は、日本とドイツを比較して、戦前・戦中期の「軍事的冒険」によって日本はアジアから「歴史的に孤立」しており、地域的な安全保障の「集団的アプローチ」に入ることができず、結局日本にとって「唯一の可能なアプローチは米国との提携」以外にない、との見通しを提示していた。以来、半世紀近くを経て、このマッカーサーの見通しが的確であったことを認めざるを得ないであろう。小泉前政権の時期に、日本は歴史認識問題で改めて北東アジア諸国と緊張した関係に入る一方で、米軍再編によって日米関係は「強化」され、今や集団的自衛権の問題が焦点となっている訳である。たしかに、安倍首相が「村山談話」の踏襲を表明し、中国や韓国を訪問して「歴史共同研究」への取り組みに乗り出したことで、一定の緊張の緩和がもたらされた。

しかし注目すべきは、二〇〇六年九月二五日、安倍政権が発足する前夜に、米国の代表的保守系紙『ワシントン・ポスト』が掲載した社説である。「日本の未来、そして過去――新首相は歴史に誠実でなければならない」と題されたこの社説は、「もし日本が過去の誤りを認めるならば、責任ある民主主義国家として認められるであろう」、しかし、「南京における少なくとも十万人の中国人の虐殺を含む自らの過去」を認めないならば、周辺諸国との緊張が高まり、地域的安全保障が損なわれるであろう、と主張した。

米国自身がベトナム戦争を始めとした「過去の誤り」にどれだけ誠実かという問題は別として、この社説は安倍に重大な衝撃を与えたであろう。安倍は、「普遍的価値観」を共有する日米豪印の四カ国による戦略的提携という、「一周遅れのネオコン」とも評される価値観外交を持論としている。その「価値観」の中に、米国の保守派が、歴史認識問題を据えるように求めたのである。つまり、歴史に誠実でなければ、安倍政権の日本を「責任ある民主主義国家」として認めない、との〝通告〟を発した訳である。こういう背景があったからこそ、従軍慰安婦問題で、安倍がブッシュ大統領に「謝罪」するという〝珍妙な事態〟が生まれたのである。

それでは、なぜ安倍政権の発足にあたって、中国や韓国ばかりではなく、米国の保守派までもが、こうした対応を示したのであろうか。それは、安倍の歴史認識に根本的な危惧を抱いているからであろう。安倍はかねてより、「歴史の評価は後世の歴史家に任せるべきで、政治家は慎重でなければならない」との立場を堅持してきた。ところが、彼は『美しい国へ』において、チャーチル元英首相を称賛する文脈で、「ナチスドイツの侵略」と明言しているのである。「歴史というのは、善悪で割り切れるような、そう単純なものではないのである」というのが、安倍の基本的な立場であるにもかかわらず、なぜ他国の歴史については、かくも明確な判断を下せるのであろうか。「村山談話」を踏襲すると言いつつ、改めて「後世の歴史家」論などを持ち出して〝逃げ〟を打つということは、その本音としては、ナチスドイツとは違い日本の戦争は「侵略」ではなかった、という「信念」を持っているのではないのか。これが、周辺諸国ばかりではなく、これまで日本の歴史認識問題に〝寛容〟な態度を取ってきた米国の保守派さえもが、警戒を抱く背景となっているのである。仮に戦後ドイツ(旧西ドイツ)の政治家達がナチスドイツの評価について、「後世の歴史家に任せるべき」といった態度をとっていたならば、その無責任さは批判の嵐を受け、間違いなく戦後の西欧社会から排除されたことであろう。ところが、戦後六〇年も経て、こうした無責任な態度が、日本において政治の指導部で公然と表明され、それが〝異様な〟ことと受け取られない空気が支配しているのである。

このような政治状況において、自衛隊の武力行使の領域が飛躍的に拡大されるであろう集団的自衛権の解釈変更が進められ、その先には憲法改正が具体的な日程にのせられようとしているのである。とすれば、日本国内ばかりではなく、周辺諸国が重大な警戒を抱くのは当然のところであろう。たしかに、中国や韓国における歴史認識や軍事問題、政治社会のあり方について、批判されるべき諸問題は多々あるかも知れない。しかし、日本がまずなすべきことは、「戦後体制からの脱却」の以前に、「戦前・戦時体制」を支えた「価値観」からの脱却ではないのであろうか。これが果たされていないからこそ、遂には米国の保守派からも〝引導を渡される〟羽目に陥ったのではなかろうか。

マッカーサーが鋭く観察していたように、実は集団的自衛権の問題は、日米二国間の問題に止まらないのである。それはすぐれて、日本とアジアとの関係に深く関わる問題なのである。日本がアジアから「孤立」するならば、米国との二国間関係にのめり込まざるを得ない、というマッカーサーが描き出した構図は、他ならぬ「戦後体制」そのものなのである。

今回の仕事についても、原稿の段階で専門的な見地から貴重なアドヴァイスを頂いたり、重要な資料やデータを提供して頂くなど、実に多くの方々の助力を得ることができた。関西学院大学のスタッフの方々や院生諸君も含め、以上のすべての方々に心からの御礼を申し上げたい。岩波新書編集部の小田野耕明氏には、筆者の遅々たる仕事ぶりにもかかわらず、いつも温かく励まして頂いた。末筆ながら、謝意を表したい。

二〇〇七年六月二三日(沖縄慰霊の日に)　西宮市上ヶ原の研究室にて

豊下楢彦

問題研究所，2006 年
我部政明『沖縄返還とは何だったのか』NHK ブックス，2000 年
カール・シュミット『政治的なものの概念』(田中・原田訳)未来社，1970 年(Carl Schmitt, *Der Begriff des Politischen*, München, 1932)
カール・シュミット『パルチザンの理論』(新田邦夫訳)福村出版，1972 年(Carl Schmitt, *Theorie des Partisanen*, Berlin, 1963)
グレアム・アリソン『核テロ』日本経済新聞社，2006 年(Graham Allison, *Nuclear Terrorism*, Times Book, 2004)
高坂正堯『宰相吉田茂』中央公論社，1968 年
古関彰一『「平和国家」日本の再検討』岩波書店，2002 年
坂元一哉『日米同盟の絆』有斐閣，2000 年
佐瀬昌盛『集団的自衛権』PHP 新書，2001 年
外岡秀俊・本田優・三浦俊章『日米同盟半世紀』朝日新聞社，2001 年
高野雄一『集団安保と自衛権』東信堂，1999 年
竹村卓『非武装平和憲法と国際政治・コスタリカの場合』三省堂，2001 年
田中明彦『新しい中世』日本経済新聞社，2003 年
東郷文彦『日米外交三十年』中公文庫，1989 年
豊下楢彦『安保条約の成立』岩波新書，1996 年
ドン・オーバードーファー『二つのコリア』(菱木一美訳)共同通信社，1998 年(Don Oberdorfer, *The Two Koreas*, Perseus Books, 1997)
中島信吾『戦後日本の防衛政策』慶應義塾大学出版会，2006 年
原彬久『戦後日本と国際政治』中央公論社，1988 年
原彬久『日米関係の構図』NHK ブックス，1991 年
久江雅彦『米軍再編』講談社現代新書，2005 年
PHP 研究所編『安倍晋三対論集』PHP 研究所，2006 年
前田哲男・飯島滋明編著『国会審議から防衛論を読み解く』三省堂，2003 年
山本浩『決断の代償』講談社，2004 年
渡辺治『日本国憲法「改正」史』日本評論社，1987 年
渡辺治編著『憲法改正の争点』旬報社，2002 年
坂口規純「集団的自衛権に関する政府解釈の形成と展開(上下)」『外交時報』No. 1330-1331，1996 年
豊下楢彦「地域紛争と「予防外交」」古田・木畑他編『南から見た世界』(第 6 巻)大月書店，1999 年
豊下楢彦「占領と排他的支配圏の形成—「沖縄問題」の国際的位相」倉沢他編『岩波講座　アジア・太平洋戦争』(第 8 巻)岩波書店，2006 年
森肇志「集団的自衛権の誕生」『国際法外交雑誌』第 102 巻 1 号，2003 年

主要参考文献

Foreign Relations of the United States, 1945, Volume I
Foreign Relations of the United States, 1955-1957, Volume XXIII, Part1
Foreign Relations of the United States, 1958-1960, Volume XVIII
Iraqgate : Saddam Hussein, U. S. Policy and the Prelude to the Persian Gulf War (1980-1994), Project Director, Joyce Battle, The National Security Archive, Washington, D. C., 1995, 2004
United Nations, Security Council Official Record, Thirty-Sixth Year, 2280th-2288th Meeting
Ahmed Rashid, *Taliban : Militant Islam, Oil, and Fundamentalism in Central Asia*, New Haven, 2000
Bill Clinton, *My Life*, Vintage Book, 2004
A More Secure World: Report of the High-level Panel on Threats, Challenges and Change, 2 December 2004
Pervez Musharraf, *In the Line of Fire*, Free Press, 2006
Robert S. Litwak, *Rogue States and U. S. Foreign Policy*, Woodrow Wilson Center Press, 2000
W. Michael Reisman, Andrea Armstrong, "The Past and Future of the Claim of Preemptive Self-Defense," *American Journal of International Law*, Volume 100, Numero 3, 2006
George W. Bush, "President says Saddam Hussein must leave Iraq within 48 hours," The White House, March 17, 2003

「日米安全保障条約改訂案」(外務省条約局，1957年3月)第19回外交文書公開分(A'1，4，1，1)，外務省外交史料館
『日本外交文書・平和条約の締結に関する調書』第一・三冊，外務省，2004年
朝日新聞「自衛隊50年」取材班『自衛隊』朝日新聞社，2005年
安倍晋三『美しい国へ』文春新書，2006年
安倍晋三・岡崎久彦『この国を守る決意』扶桑社，2004年
アラン・フリードマン『誰がサダムを育てたか』(浅井信雄監修，笹野洋子訳)NHK出版，1994年(Alan Friedman, *Spiders' Web*, Bantam Dell, 1993)
江畑謙介『米軍再編』ビジネス社，2005年
小川和久『日本の戦争力』アスコム，2005年
金田秀昭・小林一雅・田島洋・戸崎洋史『日本のミサイル防衛』日本国際

豊下楢彦

1945年兵庫県生まれ
京都大学法学部卒業
前関西学院大学法学部教授
専攻―国際政治論，外交史
著書―『イタリア占領史序説』(有斐閣)
『日本占領管理体制の成立――比較占領史序説』(岩波書店)
『安保条約の成立』(岩波新書)
『昭和天皇・マッカーサー会見』(岩波現代文庫)
『「尖閣問題」とは何か』(岩波現代文庫)
『昭和天皇の戦後日本―〈憲法・安保体制〉にいたる道』(岩波書店)ほか
編著―『安保条約の論理』(柏書房)ほか
訳書―『柔らかいファシズム』(共訳，有斐閣)ほか

集団的自衛権とは何か　　岩波新書(新赤版)1081

2007年7月20日　第1刷発行
2016年8月25日　第10刷発行

著　者　豊下楢彦《とよしたならひこ》

発行者　岡本　厚

発行所　株式会社 岩波書店
〒101-8002 東京都千代田区一ツ橋2-5-5
案内 03-5210-4000　営業部 03-5210-4111
http://www.iwanami.co.jp/

新書編集部 03-5210-4054
http://www.iwanamishinsho.com/

印刷・三陽社　カバー・半七印刷　製本・中永製本

ISBN 978-4-00-431081-5　　Printed in Japan

岩波新書新赤版一〇〇〇点に際して

ひとつの時代が終わったと言われて久しい。だが、その先にいかなる時代を展望するのか、私たちはその輪郭すら描きえていない。二〇世紀から持ち越した課題の多くは、未だ解決の緒を見つけることのできないままであり、二一世紀が新たに招きよせた問題も少なくない。グローバル資本主義の浸透、憎悪の連鎖、暴力の応酬――世界は混沌として深い不安の只中にある。

現代社会においては変化が常態となり、速さと新しさに絶対的な価値が与えられた。消費社会の深化と情報技術の革命は、種々の境界を無くし、人々の生活やコミュニケーションの様式を根底から変容させてきた。ライフスタイルは多様化し、一面では個人の生き方をそれぞれが選びとる時代が始まっている。同時に、新たな格差が生まれ、様々な次元での亀裂や分断が深まっている。社会や歴史に対する意識が揺らぎ、普遍的な理念に対する根本的な懐疑や、現実を変えることへの無力感がひそかに根を張りつつある。そして生きることに誰もが困難を覚える時代が到来している。

しかし、日常生活のそれぞれの場で、自由と民主主義を獲得し実践することを通じて、私たち自身がそうした閉塞を乗り超え、希望の時代の幕開けを告げてゆくことは不可能ではあるまい。そのために、いま求められていること――それは、個と個の間で開かれた対話を積み重ねながら、人間らしく生きることの条件について一人ひとりが粘り強く思考することではないか。その営みの糧となるものが、教養に外ならないと私たちは考える。歴史とは何か、よく生きるとはいかなることか、世界そして人間はどこへ向かうべきなのか――こうした根源的な問いとの格闘が、文化と知の厚みを作り出し、個人と社会を支える基盤としての教養となった。まさにそのような教養への道案内こそ、岩波新書が創刊以来、追求してきたことである。

岩波新書は、日中戦争下の一九三八年一一月に赤版として創刊された。創刊の辞は、道義の精神に則らない日本の行動を憂慮し、批判的精神と良心的行動の欠如を戒めつつ、現代人の現代的教養を刊行の目的とする、と謳っている。以後、青版、黄版、新赤版と装いを改めながら、合計二五〇〇点余りを世に問うてきた。そして、いままた新赤版が一〇〇〇点を迎えたのを機に、人間の理性と良心への信頼を再確認し、それに裏打ちされた文化を培っていく決意を込めて、新しい装丁のもとに再出発したいと思う。一冊一冊から吹き出す新風が一人でも多くの読者の許に届くこと、そして希望ある時代への想像力を豊かにかき立てることを切に願う。

（二〇〇六年四月）